KB048135

불곰의 미국 주식 따라 하기

해외 투자를
처음 시작하는
왕초보를 위한

불곰의
미국 주식
따라 하기

불곰·김지훈·이상언·박종관·박선목 지음

포레스트북스

왜 미국 주식인가

한마디로, 노다지판이기 때문이다.

주식투자의 목적은 자본이득이다. 사람에 따라 또 다른 이유가 있다고 하더라도 돈이 첫 번째다. 그러므로 미국 주식시장이라는 노다지판에 투자하는 것은 당연한 일이다.

한국 주식시장이 호수라면, 미국 주식시장은 바다다.

한국 주식시장은 2018년부터 정체됐다. 피로감이 쌓였고, 늪에 빠졌다. 박스권을 벗어나지 못하는 모양새다. 어느 정도 올랐다가 떨어졌다가를 반복하지만, 거기서 거기다. 그래서 호수라는 것이다. 아무리 커도 호수는 호수일 뿐 바다에 비할 바가 아니다. 그러니 그 안에 사는 물고기의 크기도 차이가 난다. 가치투자로 92개 매도 종목 평균 수익률 50.1%(2020년 9월 10일 기준)를 기록한 필자가 회의감을 느낄 정도다.

반면 미국 주식시장은 어떤가.

전 세계 상장기업 시가총액의 절반 이상이 미국 주식시장에 있다. 투자금이 몰리는 곳이다. 혁신적인 아이디어와 제품으로 세상을 바꾸고, 열광시키고, 이끌어가는 회사들이 많다. 우리가 투자해야 할 회사가 그만큼 많다는 뜻이다. 구간구간 조정을 받으면서 꾸준히 성장하고 있다. 지구상에서 가장 큰 바다이자 나날이 더 커지고 있고, 굉장한 물고기들이 많은 곳이다.

이제는 굳이 한국 주식시장에만 투자할 필요는 없다. 오히려 미국 주식시장이 '돈 벌기' 쉬운 곳일 수 있다. 미국을 놓치면 바보다. 투자자는 국적이 있지만 투자금은 국적이 없다. 한마디로, 투자에는 국경이 없다.

최근 들어 미국 주식에 투자하는 사람들이 많아졌음을 실감한다. 그런데 언어 장벽 때문인지 '더 안전하다'고 생각해서인지는 모르겠지만, ETF나 펀드를 위주로 하는 경우가 많다. 물론 몇 종목에 분산투자하면서 ETF도 가지고 가는 것은 이해하나, 우리나라 투자자들은 유독 ETF에 쏠리는 경향이 있다. 결론부터 말하자면, 틀린 방법이다.

돈을 남의 손에 맡기지 마라. 맡기는 순간 내 돈이 아니다. 더욱이 ETF나 펀드보다는 자신이 직접 분석해서 종목을 골라 투자했을 때 수익률이 더 높다. ETF·펀드에 속해 있는 몇 종목이 마음에 든다면 그 종목을 사는 것이 훨씬 더 나은 방법이다.

호수보다 바다를 건너는 게 더 겁이 나는 것은 당연한 일이다.

그렇지만 호수는 안전하고 바다는 위험하다는 이분법은 성립하지 않는다. 호수라고 해서 배가 가라앉지 않고, 바다라고 해서 배가 무조건 가라앉는 것은 아니다. 중요한 것은 배의 성능과 항해의 기술이다. 어디가 더 위험하냐 안전하냐는 결과론적인 이야기일 뿐, 배가 뒤집혀도 구하러 올 사람이 없는 건 마찬가지다. 모든 책임은 스스로 져야 한다.

　걱정할 것 없다. 미국 주식도 한국 주식에 투자하는 것처럼 공부하고, 분석하고, 스스로 투자하면 된다. 기본적인 투자철학과 방식은 전작 『불곰의 주식투자 불패공식』, 『불곰의 왕초보 주식투자』, 『불곰의 가치투자 따라 하기』에서 나온 것과 비슷하다. 회사의 과거·현재·미래가치를 분석하고, 저평가일 때 매수하고, 제 가치를 회복할 때까지 기다리는 것이다. 다만 호수에서 하는 낚시와 바다에서 하는 낚시에 차이가 있듯이, 한국 주식과 미국 주식에 투자할 때 다른 점도 있다. 예컨대 미국 주식에서는 PER가 절대적인 기준 중 하나가 아니어서 저평가 기준이 조금 다르다. 회사의 혁신성과 성장성에 더 중점을 둔다. 당연히 정보를 찾는 방법에서도 조금 차이가 있다. 모두 이 책에서 다룰 것이다.

큰 물고기를 잡으려면 바다로 나가야 한다. 그런 의미에서 미국 주식시장은 기회다. 그것도 큰 기회다.

한국 주식 다 팔고 미국 주식으로 '갈아타라'는 의미가 아니다. 미국 주식이 무조건 한국 주식보다 좋다는 뜻도 아니다. 불곰주식 연구소도 아직 보유 중인 한국 주식들이 많다. 다만, 수익 가능성을 극대화하기 위해서 미국 주식에'도' 투자해야 한다는 얘기다. 분산투자 개념이자, 더 많은 기회를 얻기 위함이다. 우물 안 개구리가 되지 말자.

PART 1
불곰의 미국 주식 투자 기초

03 › 미국 주식의 투자정보 꿰뚫기

04 › 추천 종목 선정 기준

PART 2
불곰의 미국 주식 9선

부록
미국 주식의 산업별 대표 종목 15선

PART 01

불곰의
미국 주식
투자 기초

우리는 일상적으로 미국 제품을 쓰고 있다. 그런데 왜 주식은
국내 시장으로만 한정했을까? 외국 주식에 투자할 수 있는 환
경이 놀랍게 좋아진 지금, 세계 최고의 기업들이 몰려 있는 미
국 주식시장에 관심을 가져보자.

투자에는
국경이 없다

01

코스피 vs 다우존스

📈 코스피는 박스피?

주식 초보자들이 주식시장에 쉽게 접근할 수 있도록 국내 주식 1호를 추천한 게 2010년 8월 17일의 일이니, 어느덧 만 10년이 됐다. 지난 10년간 생활 속의 투자 아이디어 찾기를 적용해서 투자 기회를 발굴해왔다. 매년 좋은 투자 기회를 찾기 위해 노력했고 성공 사례도 많았다.

하지만 코스피 지수가 '박스피'라고 불리며 오르락내리락하는 동안 투자 기회를 찾기가 점차 어려워졌고, 불곰식 가치투자를 적용할 기회도 점점 줄어들었다. 『불곰의 가치투자 따라 하기』에서 모두 공개했듯이 불곰식 가치투자는 이미 검증된 투자 방법이다. 방법론이 잘못되지 않았다면 투자 종목을 발굴하는 과정에서 놓친 건 없는지 한번 되짚어볼 필요가 있다고 생각했다.

개인 투자자들 사이에 해외 주식 '직구(직접투자)' 열풍이 불고 있다. 1일 한국예탁결제원에 따르면 올 들어 10월까지 국내 투자자의 해외 주식 매수 금액은 177억 4,061만 달러(약 20조 7,565억 원)로 지난해 연간 매수 금액(170억 7,036만 달러)을 넘어섰다. 이런 추세라면 올해 해외 주식 직구 금액이 200억 달러를 돌파할 것이란 전망도 나온다.

투자자들이 가장 선호하는 종목은 미국 주식이다. 올 1~10월 국내 투자자가 많이 산 해외 주식 10개 가운데 9개가 미국 주식이었다. 아마존, 마이크로소프트 등과 같은 우량 주식과 함께 미국 증시에 상장된 상장지수펀드(ETF)를 집중적으로 사들였다.

해외 주식 직구 열풍은 국내 주식시장 부진과 무관하지 않다. 올 들어 10월 말까지 미국 S&P500지수가 21.0% 오르는 동안 코스피지수는 3.7% 상승하는 데 그쳤다. 국내 주식 투자는 갈수록 줄고 있다. 올 들어 9월까지 개인들의 하루평균 국내 주식 매수액은 5조 8,559억 원으로 작년 같은 기간(8조 3,032억 원)보다 29.4% 감소했다.

민성현 KB증권 글로벌BK 솔루션팀 부장은 "코스피지수가 지지부진한 가운데 삼성전자를 제외하면 한국 시장에서 꾸준히 오르는 종목을 찾기 어렵게 됐다"며 "자본에 국경이 없듯이 수익률이 높고 안정적인 곳으로 돈이 빠르게 이동하고 있다"고 말했다.

출처: "한국 3% vs 미국 21%…高수익에 목마른 개미들, 해외 주식 '환승'", 〈한국경제신문〉, 2019년 11월 1일

나를 포함하여 모든 국내 주식투자자가 알고 있는, 꾸준히 상승하는 시장이 하나 있다. 알고는 있었지만, 투자해볼 생각은 쉽게 하지 못했던 미국 주식시장이다.

2008년 이후 10년간 주가 상승률을 보면, 미국 주식시장의 상

승률이 한국 주식시장의 상승률보다 월등히 높다. 2010년 9월 1일부터 2020년 7월 1일까지를 놓고 볼 때, 코스피는 33.28% 상승했지만 다우지수는 187.57%의 상승률을 보였다.

코스피 vs 다우 상승률(2010~2020)

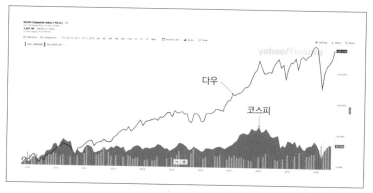

출처: 야후파이낸스

우리는 자유무역제도하에서 수많은 미국 제품과 서비스를 일상적으로 사용하며 살아가고 있다. 그런데 왜 투자 기회는 한국 안에서만 찾았을까. 시야를 넓히자 또 다른 기회가 눈에 들어왔다.

📈 미국 역시 우리 생활권

지금 이 원고를 작성하기 위해 사용하는 워드 프로그램부터 시작해보겠다. 어쩌면 당신은 문서를 작성하는 프로그램으로 마이크로소프트의 MS-WORD를 제일 먼저 떠올렸을 것이다. 물론 MS-WORD도 사용하지만 우리 집필진이 문서를 작성할 때 주로 사용하는 프로그램은 구글의 구글독스google docs다. 공동으로 원고를 작성하기 위해서는 온라인상에 각자의 작업분이 실시간으로 저장되고 추적이 가능해야 하기 때문이다. 이런 점에서 구글독스는 매우 편리한 문서 작성 도구다.

마이크로소프트의 제품이 우리 업무 현장에 얼마나 깊숙이 자리 잡고 있는지를 아는 사람들에게는 구글이 그 철옹성 같던 시장을 빼앗아 온 상황에 당황스러울 수도 있을 것이다. 하지만 우리가 박스피에 갇혀 있는 동안 세계 시장은 급속히 변화하며 성장의 기회들을 계속해서 만들어내고 있었다.

1호 종목을 추천했던 2010년 8월로 돌아가 되짚어 오면서 미국 주식시장에서 어떤 변화들이 있었는지 살펴보겠다.

우리에게 친숙한 마이크로소프트의 2010년 8월 1일 주가는 24.770달러였다. 당시까지만 해도 마이크로소프트는 윈도, 오피스, 인터넷 익스플로러를 보유한 절대 무너질 리 없을 것 같은 하나의 왕국이었다. 그러다가 MS-WORD를 대체하는 구글독스, 인터넷 익스플로러를 대체하는 크롬 등을 앞세운 구글의 도전이 거세졌다. 구글 이외에도 수많은 기업이 기존 IT 공룡 기업들을 무너뜨리며 변화와 성장을 이끌었다.

역사상 많은 기업처럼, 이런 압박 속에서 마이크로소프트 역시 쇠락의 길로 접어들 수도 있었을 것이다. 하지만 2014년 취임한 사티아 나델라Satya Nadella의 지휘 아래 화려하게 부활했다. 2020년 8월 14일 마이크로소프트의 주가는 208.90달러이며 시가총액은 1조 5,800억 달러(약 1,580조 원)를 넘어섰다. 자사를 위협했던 구글의 시가총액인 1조 달러보다 큰 규모를 유지하고 있다.

이렇듯 기존의 초대형 기업들과 구글처럼 새로이 나타난 기업들의 경쟁이 미국 주식시장의 변화와 미국이라는 나라의 성장을 이끌고 있다.

우리나라와 미국의 GDP 성장률은 2008년 리먼 사태 이후 비슷한 수준을 보였다. 그런데 같은 기간 양국 대표 주가지수의 상승률을 비교해보면 미국이 한국보다 탁월하게 높음을 확인할 수 있다. 2012년 유럽 위기 이후의 상승률을 비교해봐도 마찬가지다.

이에 관해서는 다양하게 분석할 수 있겠지만, 2010년부터 불곰 주식연구소를 운영해온 불곰의 개인적인 경험으로는 시간이 지날수록 우리나라 주식시장에서 성장의 기회를 가진 기업을 찾기가 점점 더 어려워졌다는 점을 짚고 싶다. 더욱이 2000년 초반 중국, 인도 시장이 새롭게 개방되면서 국내에서는 매출이 증가하는 성장의 기회를 찾기가 더 어려워졌다. 우리나라도 선진국과 같은 저성장 시대로 접어들었기에 새로운 성장 산업이 육성되고, 글로벌 시장에서 성공하는 기업들이 많아져야 한다.

다시 한번 강조하지만, 투자에는 국경이 없다. 성장의 기회에 목말라 있는 요즘, 미국 주식시장이야말로 이런 기회를 제공해줄 기업들을 쉽게 찾을 수 있는 곳이다. 한국 주식시장에만 집중했던 지난 10년, 미국 주식시장에도 눈을 돌렸다면 더 많은 투자 기회를 얻을 수 있었을 것이다. 나아가 세상의 변화에 더욱 적극적으로 대응하는 10년을 만들 수 있었을 것이다.

미국 시장의 세 가지 매력

⚙ 세계 최대의 주식시장

미국은 2019년 기준 전 세계 상장기업 시가총액의 53.3%가 집중되어 있는 최대의 주식시장이다. 2018년 51.3%에서 2%p나 더 성장하면서 전 세계 금융시장의 중심이 됐고, 글로벌 투자자들에게 가장 넓은 선택의 폭을 제공하고 있다. 그에 비해 대한민국 주식시장은 글로벌 기준 2%도 채 안 되는 작은 시장이다. 게다가 금융의 기초체력이 약해서 국제정세에 민감한 반응을 보이고 불확실성이 크다는 단점이 있다.

전 세계 국가별 주식시장 규모 분포(2019년 기준)

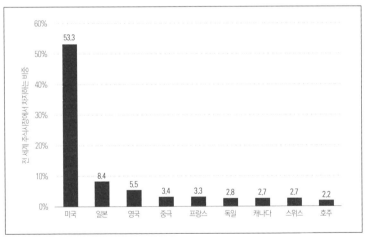

출처: Statistics 2019

미국 주식시장은 큰 규모의 자금을 손쉽게 조달할 수 있고 큰 주가 상승을 기대할 수 있는 곳이기 때문에 미국뿐만 아니라 전 세계의 선도적인 기업들이 앞다투어 상장한다. 규모가 큰 시장이기 때문에 더 많은 기업과 더 많은 자금이 모이고, 이로써 더 큰 성장의 기회가 창출되는 선순환이 이뤄진다. 전 세계 최고의 시가총액을 차지하는 시장인 만큼 상장된 대형 종목의 숫자도 압도적으로 많다. 단적으로 보면, 우리나라 주식시장에 상장된 시가총액 100조 원(1,000억 달러) 초과 종목 개수는 2개에 불과한 데 반해 미국에는 무려 243개나 있다[야후파이낸스 스톡 스크리너(Stock Screener) 기준]. 그러니 한국 주식시장만 바라보는 것은 투자 기회를 2%도 안 되는 시장으로 제한하는 것과 마찬가지다.

〽️ 신기술의 중심지

미국 주식시장은 세상을 바꿔가는 신기술의 중심지다. 애플, 마이크로소프트, 구글, 페이스북, 아마존, 넷플릭스, 스타벅스, 화이자, 테슬라 등 쟁쟁한 기업들이 두루 포진해 있다. 시가총액도 엄청나게 크지만, 우리 삶에 이미 깊숙이 영향을 주고 있는 기술과 서비스를 제공하는 기업들이다. 이들이 세상의 변화를 이끌어가고 있으며, 이런 세계 최고의 기업들이 상장되어 있는 곳이 미국 주식시장이다.

애플의 예를 보자. 2007년 1월 9일 CEO 스티브 잡스가 "애플은 전화기를 재발명한다"라고 선언함과 동시에 아이폰을 출시했다. 그리고 모두가 알듯이 이후 아이폰은 스마트폰의 혁신을 이끌며 모바일 시대를 열었다.

출처: Macworld San Francisco 2007 Keynote Address, 애플

　　2007년 2월 4일 주당 12.043달러였던 애플 주가는 2020년 8월 13일 464.17달러로 38배 상승했다.

애플의 주가 변화(2007~2020)

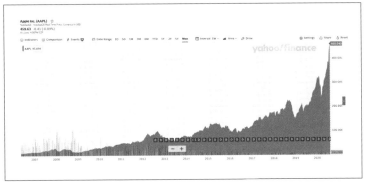

출처: 야후파이낸스

　　이 기간에 애플의 아이폰이 세상에 끼친 영향을 단순히 38배 오른 주가로만 측정할 수는 없을 것이다. 애플만이 아니라 미국 주식 시장에는 세상을 바꿔나갈 잠재력을 가진 기업들이 많이 모여 있다. 또한 아직은 작더라도 많은 잠재력을 가진 기업들도 미국 주

식시장에 상장하기 위해 노력하고 있다. 2020년 코로나19 사태로 비대면 상황에서 크게 주목받은 화상회의 솔루션 업체 줌비디오커뮤니케이션Zoom Video Communications을 비롯하여 식물성 고기 전문 업체인 비욘드미트Beyond Meat 등의 기업들이 새롭게 부상하고 있다. 이른바 유니콘(기업가치가 1조 원 이상 되는 비상장 스타트업 기업)들이 상장을 꿈꾸는 곳도 미국 주식시장이다.

출처: 줌비디오커뮤니케이션 홈페이지

줌비디오커뮤니케이션의 주가 변화(2019~2020)

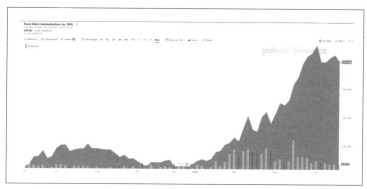

출처: 야후파이낸스

비욘드미트의 주가 변화(2019~2020)

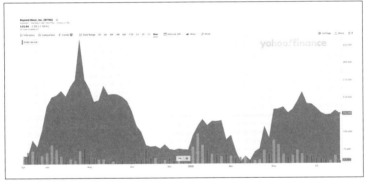

새로운 기술의 개발을 통한 성장이 중요한 시기, 미국 시장에는 새로운 기술을 개발하고 세상을 이끌어가는 회사들이 이미 상장되어 있으며 지금도 세상의 변화를 꿈꾸는 기업들이 계속해서 모여든다. 이 기회를 놓치지 않기 위해서는 더 늦기 전에 미국 주식에 투자를 시작해야 한다.

📊 투명한 정보 공개와 선진 제도

미국 주식시장은 정보가 투명하게 공개되고 선진적인 제도로 운영된다는 커다란 장점도 가지고 있다. 우리나라 개인 투자자가 기업의 정보를 확인할 수 있는 자료로는 사업보고서, 공시, 기사 등이 있는데 사업 내용과 운영 현황을 확인하기에는 충분하지 않은 경우가 많다. 그리고 기관을 대상으로 하는 투자설명회IR 내용이 개인들에게 공개되지 않는 경우도 많으며, 기업 탐방도 쉽지 않기 때문에 투자를 위해 확인할 수 있는 내용이 제한적이다.

미국 주식시장에서는 사업보고서와 공시 이외에도 분기마다 실적설명회를 진행하고, 그 내용을 기관이나 개인 투자자들에게 동일하게 공개한다.

예전에 애플의 스티브 잡스가 실적을 발표하는 동영상을 보면서, '내가 투자한 국내 종목의 CEO가 나를 위해 실적을 설명한 다음 어떻게 운영해나가겠다는 계획을 보고해주면 얼마나 좋을까' 하고 생각한 적이 있다. 단순히 실적을 확인한다는 차원을 넘어 내가 회사의 주주로서 대우받고 이 회사의 주주라는 사실에 자부심을 가질 수 있을 것이다.

미국 주식시장에 투자하면 실적 발표를 진행하는 현장에는 있지 않더라도 해당 기업의 실적 발표일마다 그 보고를 받을 수 있다. 그리고 분기마다 IR 자료와 실적설명회 녹취록이 공개되기 때문에 경영진이 운영 현황을 설명한 내용과 주요 애널리스트들의 Q&A도 직접 확인할 수 있다.

출처: 테슬라 2020년 1분기 콘퍼런스콜 '기가팩토리 상하이' 자료

    한국에서는 증권사별로 무료로 제공되는 애널리스트들의 분석 보고서가 미국에서는 해당 금융기관과 거래하는 기관투자자·고액 자산가들에게만 제공된다는 점이 아쉬운 부분이긴 하다. 그렇지만 애널리스트들의 주가 목표치 및 의견은 발표될 때마다 공개되어

시장 예측치에 즉시 반영되고, 애널리스트들의 보고서가 없더라도 이를 보충할 수 있는 회사의 자체 자료와 독립적 리서치회사들의 분석 보고서가 풍부하기 때문에 회사를 분석하고 이해하기에는 미국 주식시장의 환경이 훨씬 더 낫다.

미국 주식시장은 이른바 'TMI^{Too Much Information}'로 이야기될 만큼 수많은 정보가 모든 시장 참여자에게 공평하게 제공되며, 전 세계의 참여자들이 감시하고 있기 때문에 정보가 투명하게 공개된다. 기업 경영진의 보상제도와 향후 실적 예상치에 대한 경영진의 발표 역시 모든 투자자에게 투명하게 공개된다. 기업 경영자들은 주주에게 약속한 매출 성장, 당기순이익 달성, 배당금 지급 등을 위해 전 세계 최고의 인재들을 고용하여 치열하게 노력하며 이를 달성했을 경우 천문학적인 보상을 받기도 한다.

물론 미국 주식시장도 완벽하지는 않기 때문에 회계 부정이나 내부통제제도 부실 등과 관련한 사건들도 발생한다. 그렇더라도 주주들의 권익을 보호하기 위한 집단 소송제도와 징벌적 손해배상 제도 등이 잘 갖춰져 있기 때문에 전 세계에서 가장 투명하게 운영된다고 할 수 있다.

과거와 달리 영어에 익숙하지 않은 투자자들도 구글 등 번역 프로그램의 발전으로 영어로 된 자료를 번역해서 확인하기가 쉬워졌다. 언어 장벽 때문에 미국 주식시장에 투자하지 못한다는 건 이제 핑곗거리도 되지 않는다. 새로운 성장 기회를 찾아 전 세계에서 가장 큰 미국 주식시장으로 불곰과 함께 떠나보자.

코로나 이후 펼쳐질 일상과 FAANG

'FAANG'라는 신조어는 우리나라 신문 기사에서도 자주 언급되어, 우리에게도 친숙한 단어가 됐다. 이는 나스닥에 속해 있는 기업 중 페이스북(Facebook), 아마존(Amazon), 애플(Apple), 넷플릭스(Netflix), 구글(Google) 등 다섯 기업의 앞글자를 딴 것이다. 왜 이 기업들을 최근 더욱 주목하는 걸까? 코로나 이후 펼쳐질 우리 일상생활과 접목해서 생각해보자.

첫째, 페이스북은 소셜 네트워크를 대표한다. 소셜 네트워크는 사람들의 직접적인 접촉이 아니라 온라인상에서 사람과 사람을 이어주는 플랫폼이다. 아침에 일어나서 저녁에 잠들 때까지 사람들은 가족, 친구, 동료들의 근황을 소셜 네트워크를 통해 접하고 소통한다. 나아가 뉴스, 광고, 다양한 콘텐츠까지 소셜 네트워크를 통해 전파된다.

둘째, 아마존은 시장이다. 젊은 사람들은 더 이상 마켓까지 운전해 가서 물건을 사지 않는다. 가전제품, 일상용품만이 아니라 심지어 식료품까지 아마존프레시(Amazon Fresh)를 통해 구매한다. 아침에 주문하면 퇴근했을 때 집 앞에 도착해 있는 저녁 식사 재료를 만날 수 있다. 그뿐만이 아니라 아마존은 세상에서 가장 큰 클라우드 서비스 기업이다. 인류가 생산해내는 수많은 정보가 아마존 클라우드 서버에 저장되고, 이 정보는 필요할 때마다 꺼내서 볼 수 있다.

셋째, 애플은 문화다. 많은 사람이 아이폰으로 통화를 하고 맥북이나 아이패드로 웹서핑을 한다. 이는 애플워치, 애플TV, 홈패드, 에어팟을 통해 확장된다. 그 기반에는 아이클라우드가 있다. 애플을 사용하는 사람들에게 애플은 모든 것이다.

넷째, 넷플릭스는 미디어다. 넷플릭스를 통해 생산된 콘텐츠는 전 세계 사람들이 즐기고 있고 앞으로도 애용할 것이다. 드라마를 보기 위해 TV를 켜는 것이 아니라, 영화를 보기 위해 극장을 가는 것이 아니라 넷플릭스 웹사이트에 접속하는 것이다.

다섯째, 구글은 생활이다. 이메일을 보내기 위해 지메일을 사용하고, 회사에서 일할 때 구글독스에 자료를 저장하고, 구글 캘린더로 일정을 관리하고, 구글 번역기를 통해 외국어 신문 기사도 쉽게 읽을 수 있고, 처음 가보는 곳은 구글 맵을 따라가면 된다. 심지어 심심할 때는 유튜브를 켠다. 그 외에도 인공지능, 노화 방지, 드론을 이용한 배송 등 다양한 분야에서 구글은 미래의 생활을 개척하고 있다.

IT 기업에서 제공하는 제품과 서비스가 없다면 코로나가 가져올 미래의 모습을 상상할 수 없을 것이다. 더욱이 많은 전문가는 코로나가 야기한 경제적 충격을 극복하기 위해 IT 분야를 주목하고 있다. 정부가 현대판 뉴딜 정책을 실행한다 해도 전통적인 산업 분야에 투자한다면 그 영향은 제한된 지역, 계층에서만 나타날 가능성이 크다. 그에 비해 IT 분야는 타 산업과 연계성이 높아 다양한 분야에 그 효과가 파급된다.

미국 언론에서는 FAANG 주식이 가져올 변화에 주목하여 기술(TECH) 외 별도 섹션을 구성하여 뉴스를 제공하고 있다. 이들 기업이 주식시장뿐 아니라 세상에 큰 영향을 주는 기업이라는 방증이다.

U.S. News   Markets   FAANG + Tesla   Reuters Inves

Facebook raises settlement to $650 million in facial recognition lawsuit

Facebook Inc <FB.O> raised its settlement offer by $100 million to $650 million related to a lawsuit that claimed it illegally collected and stored biometric data for millions of users without their consent, the company said on Friday.

12 hours ago

출처: 로이터뉴스 모바일
'FAANG + Tesla' 섹션

> ▶ 다우존스산업지수(Dow Jones Industrial Average, DJIA)

다우존스산업지수는 미국 거래소에 상장된 30개 회사의 가중치를 고려한 종합지수다. 3,500개가 넘는 미국의 상장사 중 30개 회사의 주가 실적을 토대로 만들어졌기 때문에 전체 미국 시장을 대변하기에 적합하지 않다는 비판이 있다. 그러나 다우존스산업지수는 미국 경제를 이끌어가는 대표 기업들로 구성되어 있으며, 미국 증시 현황을 볼 때 가장 많이 사용되는 지수 중 하나다.

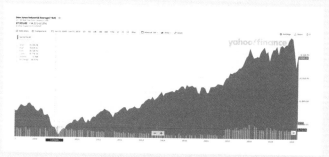

출처: 야후파이낸스

> ▶ S&P500지수(GSPC)

S&P500지수는 다우존스산업지수의 확장판이라고 할 수 있다. S&P500은 500개 기업으로 구성되어 있어 다우존스산업지수보다 미국 주식시장을 더 잘 대표할 수 있는 지수로 평가된다. S&P500이라고 해서 회사 시가총액 순서대로 500개의 기업을 선

정한 것은 아니다. 회사 시가총액, 재무 건전성 등을 고려하여 미국 경제를 다양한 방면에서 보여줄 수 있는 기업이 포함되어 있다. 예를 들어 스냅챗(Snapchat), 비트모지(Bitmoji)로 유명한 스냅(Snap)은 시가총액이 350억 달러에 이르지만 S&P500에 포함되어 있지 않다.

워런 버핏을 비롯하여 저명한 다수의 투자자는 장기적인 관점에서 인덱스펀드로 다우존스지수보다 S&P500을 추천했다.

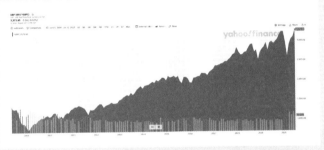

출처: 야후파이낸스

➤ 나스닥 컴퍼지티브(NASDAQ Compositive, IXIC)

흔히 얘기하는 나스닥(NASDAQ)은 뉴욕증권거래소(NYSE)에 이어 미국에서 두 번째로 큰 거래소를 의미한다. 나스닥지수의 정확한 표현은 나스닥 컴퍼지티브(NASDAQ Compositive)다. 물론 미국에서도 일반적으로 나스닥이라고 하면 나스닥 컴퍼지티브를 의미한다.

나스닥의 주요 특징은 대부분이 기술주라는 것이다. 아마존, 알파벳(구글), 애플, 시스코, 이베이, 페이스북, 넷플릭스, 엔비디아,

페이팔, 퀄컴 같은 선도적인 IT 기업을 위시하여 근래 '줌 미팅'으로 인기를 끌고 있는 줌비디오커뮤니케이션 같은 회사들도 포함되어 있다.

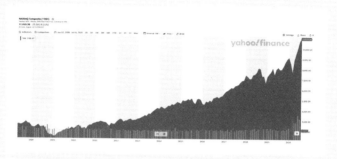

출처: 야후파이낸스

투자 시작 전
점검할 사항들

계좌 개설: 별도의 계좌가 있어야 하나?

📈 비대면 계좌 개설 앱을 활용하자

미국 주식을 거래하기 위해서는 우선 우리나라 증권사에서 해외 주식 거래용 계좌를 개설해야 한다. 다시 말해 국내 주식 거래용 계좌가 있다고 하더라도, 해외 주식 거래용 계좌를 별도로 만들어야 한다는 뜻이다.

계좌를 개설하기 위해서는 증권회사의 지점을 방문하거나 앱을 활용할 수 있다. 증권사의 비대면 계좌 개설 앱을 사용하여 모바일로 개설하면 여러모로 편리하다. 모바일로 먼저 계좌를 개설한 다음 해당 증권사의 해외 주식 거래용 앱을 설치해서 거래를 진행하면 된다.

📈 해외 주식 계좌 개설 및 거래에 편리한 앱들

• 비대면 계좌 개설 앱

출처: 키움증권

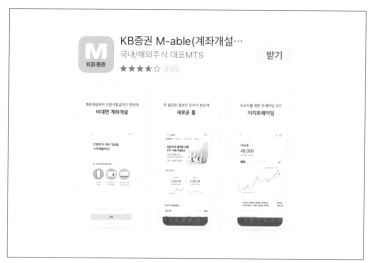

출처: KB증권

- **해외 주식 거래용 앱**

출처: 키움증권

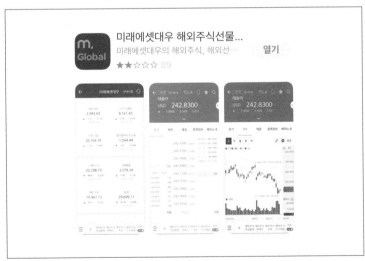

출처: 미래에셋대우

많은 증권사에서 신규 고객 유치를 위한 이벤트를 진행하고 있으니 환율 우대, 거래수수료 인하/면제, 실시간 시세 무료 조회 등의 조건을 비교해보고 계좌를 개설할 증권사를 정하면 된다. 해외 주식 거래인 만큼 거래수수료와 환율 우대 조건을 함께 제공하는 회사에서 거래를 시작하는 것이 거래비용을 가장 효율적으로 줄일 수 있다.

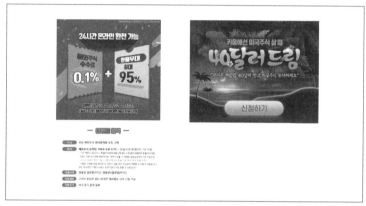

출처: 키움증권

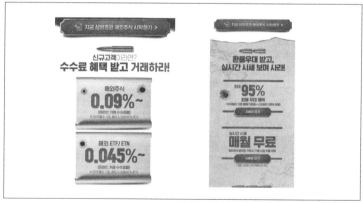

출처: 삼성증권

환전: 달러를 계좌에 어떻게 입금하나?

📊 달러 환전

거래를 시작하기 위해서는 우선 원화를 달러로 환전해야 한다. 환전하는 방법에는 두 가지가 있다. 하나는 원화를 입금해놓으면 주문한 금액만큼 다음 날 장 시작 환율로 자동 환전해주는 방법이다(별도의 환전 절차가 필요 없음). 그리고 다른 하나는 원화를 해외 주식 계좌에서 직접 달러로 환전한 다음 보유한 달러에서 출금하는 방법이다.

과거에는 자동 환전 기능이 없는 경우가 대부분이었기 때문에 원화를 직접 달러로 환전해야 했지만 요즘에는 자동 환전 기능을 제공하기 때문에 과거보다 편리해졌다. 또한 환전 가능 시간이 경과한 후 환전해놓은 달러가 부족해서 주문을 하지 못하는 경우도 없어졌다.

단, 회사마다 대부분 원화 입금 마감 시간이 있다는 점에 유의해야 한다. 예를 들어 새벽 1시에 특정 종목을 매수하려고 했지만 원화를 입금하지 못해 주문을 낼 수 없는 경우가 발생할 수 있다. 원화 자동 환전, 외화 환전 모두 동일하니 주의하기 바란다.

📊 원화 자동 환전

원화 자동 환전을 하기 위해서는 계좌 개설 후, 설정 화면에서 원화 자동 환전 옵션을 선택해야 자동으로 주문이 된다.

다음 그림에서 보는 바와 같이, 원화 주문을 선택하는 화면에서

원화 주문 신청에 동의만 하면 원화 자동 환전을 위한 준비가 모두
끝난다.

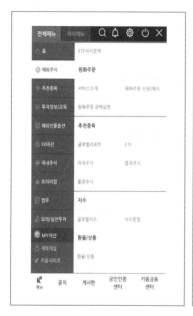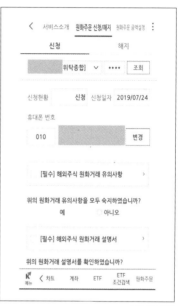

출처: 키움증권

〽️ 외화 환전

해외 주식 거래용 계좌에 원화를 입금한 다음 달러 환전 메뉴에서
환전을 진행하면 된다. 직접 환전하여 투자를 하려면 환전 가능 시
간과 적용 환율을 미리 확인해야 한다. 환전이 가능한 시간과 적
용 환율은 증권사마다 다르다는 점에 유의하자. 보통 영업시간 중
에는 실시간으로 고시되는 환율을 적용하는데, 영업시간 이후 적
용하는 환율은 증권사마다 차이가 있다. 회사가 정한 임시환율(가환
율)로 먼저 환전하고 환전 다음 영업일에 고시되는 환율과 임시환

율의 차이를 사후에 정산하는 곳도 있고, 영업시간 종료 후 자사가 결정한 임시환율로 환전하는 곳도 있다.

다음 그림이 가환율의 예를 보여준다. 그림에서 적용환율은 가환율 1,234.38원/달러인데, 당일 최종 고시 매매기준율은 1,164.50원/달러였다(2019년 10월 29일). 만약 이때 가환율로 환전했다면 다음 영업일에 차액을 계좌에서 정산하게 된다.

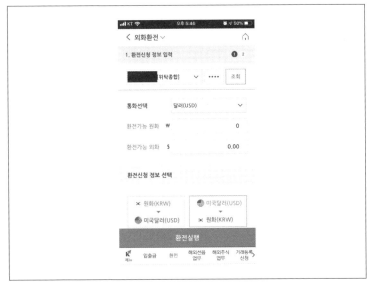

출처: 키움증권

불곰의 투자 Tip!

달러를 매수(원화 → 달러)하는 환율은 매매기준율보다 높고, 달러를 매도(달러 → 원화)하는 환율은 매매기준율보다 낮다. 환전하는 환율과 매매기준율의 차이를 환전비용으로 생각하면 된다. 참고로, 증권사에서 제공하는 '환율 우대'는 고시된 매매기준율과 현찰 매수(매도) 환율의 차이를 해당 비율만큼 차감하고 환전해준다는 의미다.

거래비용: 거래에 드는 비용으로는 무엇이 있나?

미국 주식을 거래할 때 드는 비용에는 거래수수료와 유관기관 비용이 있다. 거래수수료는 평균적으로 온라인(인터넷, 모바일)의 경우 거래대금의 0.25%, 오프라인의 경우 거래대금의 0.5%를 청구한다. 유관기관 비용으로는 ECN Fee(미국주식전산거래비용)와 SEC Fee(미국증권거래위원회 수수료)가 부과되며, SEC Fee는 매도 금액에 대해서만 청구된다.

- ECN fee: 매수·매도 시 각각 주당 0.003달러
- SEC Fee: 매도 금액(달러) × 0.0000207(단, 최소 금액 0.01달러)

미국 주식 거래 시 매수·매도에 드는 비용을 정리하면 다음과 같다.

- 매수비용: 거래수수료 + ECN Fee
- 매도비용: 거래수수료 + ECN Fee + SEC Fee

거래수수료의 경우, 증권사들에서 해외 주식 신규 계좌 개설 고객에게 수수료 할인 또는 면제와 같은 프로모션 행사를 제공하고 있으니 이를 이용하는 것도 좋다. 다만, 미국 주식을 거래할 때는 거래비용뿐만 아니라 환전비용도 발생하기 때문에 해당 증권사에 환율 우대 서비스도 제공되는지 확인하는 것이 중요하다.

미국 주식 매수·매도 시 발생하는 거래수수료 및 비용 계산 예시(키움증권 기준)

A주식 100주를 주당 100달러에 매수하는 경우		A주식 100주를 주당 100달러에 매도하는 경우	
매수 금액	100달러 × 100주 = 10,000달러	매도 금액	100달러 × 100주 = 10,000달러
수수료	100달러 × 100주 × 0.25% = 25달러	수수료	100달러 × 100주 × 0.25% = 25달러
제세금	ECN Fee: 100주 × 0.003달러 = 0.3달러	제세금	ECN Fee: 100주 × 0.003달러 = 0.3달러
	- : -		SEC Fee: 0.01달러 (0.01달러 미만이기 때문에 0.01달러)
매수 금액(10,000달러) 대비 0.253% 매수수수료율		매수 금액(10,000달러) 대비 0.2531% 매수수수료율	

주문과 입출금: 한국 주식시장과 어떤 점이 다른가?

📈 장 시작 및 종료 시각

미국과 한국 간에 시차가 있기 때문에 미국 주식시장은 한국 시각으로 저녁 11시 30분부터 거래가 시작된다. 그리고 정규장 시작 전 1시간 30분 동안 개장 전 거래Pre-market, 종료 후 2시간 30분 동안 개장 후 거래After-market가 이루어진다. 한국의 대부분 증권사에서는 개장 전 거래와 정규장 거래 서비스만 제공하고 있다.

- 22:00~23:30 개장 전 거래
- 23:30~06:00 정규장
- 06:00~08:30 개장 후 거래

서머타임 기간에는 시간이 1시간 앞으로 당겨지므로, 그에 따라 주식시장 운영 시간도 바뀐다. 서머타임 기간은 3월 둘째 주 일요일부터 11월 첫째 주 일요일까지다.

- 21:00~22:30 개장 전 거래
- 22:30~05:00 정규장
- 05:00~07:30 개장 후 거래

정규장이 종료한 이후 발표되는 뉴스, 공시, 실적 등에 따라 장후·장전 거래 가격이 영향을 받는다. 체결된 전일 장후 거래 가격 및 당일 장전 거래 가격을 참고하여 당일 정규장 거래의 대응 방향을 결정할 수 있다.

불곰의 투자 Tip!

장전 거래, 장후 거래

주요 사이트들을 보면, 장 개시 전과 개시 후에 정규장 종가와 다른 가격이 표시되어 있음을 확인할 수 있다. 정규장 이외의 시간에 발생한 이벤트들의 영향이 반영된 가격으로 정규장 개시 전에 참고하면 된다. 통상 장 종료 후 실적 발표를 하고 이후에 실적설명회를 열기 때문에 실적 발표일의 정규장 종가부터 장후·장전 거래, 익일 시초가까지 큰 변동을 보일 수도 있다.

다음 그림이 하나의 예를 보여준다. 월트디즈니의 2019년 10월 30일 종가At close는 129.60달러이지만, 장후 거래After hrs 가격이 129.93달러로 달라진 것을 확인할 수 있다.

종가 vs 장후 거래 가격

출처: 야후파이낸스

⚐ 시세 확인

우리나라 증권사에서 제공하는 시세는 대부분 15분 지연 시세로, 무료로 제공된다. 그리고 주문량도 최고 매수 호가와 최저 매도 호가에 올라온 것만 제공하는데 이 역시 15분 지연된 정보다. 일부 증권사에서만 실시간 시세 및 호가창을 무료로 제공하고 있다. 야후파이낸스 등 해외 주식 관련 사이트에서는 실시간 시세, 최고 매수 호가, 최저 매도 호가를 무료로 제공한다.

　다음 그림은 한국 시각 저녁 11시 18분의 15분 지연 시세(왼쪽 화면)와 실시간 시세(오른쪽 화면)를 보여준다. 15분 전 가격(129.89달러)보다 낮은 가격(129.68달러)으로 거래되고 있음을 확인할 수 있다.

15분 지연 시세 vs 실시간 시세

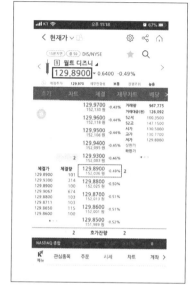

출처: 키움증권   출처: 야후파이낸스

증권사 HTS에서 15분 지연된 무료 시세를 사용하더라도, 주요 사이트들에서 실시간 가격을 확인할 수 있기 때문에 가격이 급등락하는 이벤트가 발생해도 대응할 수 있다. 어느 시세를 기준으로 매수·매도 결정을 하든 실시간 가격을 확인하면서 투자할 수 있기 때문에 투자에 큰 영향은 없다는 뜻이다.

주문하기

미국 주식을 주문할 때 부딪히는 작은 불편함 중의 하나가 호가창이다. 호가창에서 최저 매도 호가와 해당 가격대의 주문량을 실시간으로 확인하지 못하고 주문을 해야 하기 때문이다. 유료 실시간 시세를 사용하는 투자자가 아니라면 무료 실시간 시세를 제공하는 사이트의 가격 정보, 최저 매도 호가(주식을 사려는 경우), 최고 매수 호가(주식을 팔려는 경우)를 확인하고 주문을 입력하는 것이 좋다.

현재 호가창의 최저 매도 호가가 100달러라면, 120달러로 매수 주문을 냈을 때 120달러 아래에서 체결될 수도 있다. 주문 가격에 무조건 체결되는 것이 아니라 가장 낮은 매도 호가의 물량부터 차례대로 체결되기 때문이다. 이는 국내 주식시장에서 거래가 체결되는 것과 같지만, 호가창을 실시간으로 볼 수 없는 미국 주식시장에서 거래하고자 할 때는 감을 좀 쌓는 것이 좋다. 그러니 본격적으로 거래를 시작하기 전에 소량의 주문을 내는 연습을 해보기 바란다. 미국 주식 역시 1주 단위로 주문이 가능하기 때문에 1주 주문을 내보는 것도 좋은 방법이다. 그리고 1주당 주문 가격은 1센트 단위까지 입력할 수 있다.

ᴍ 매수·매도대금의 입출금

매수대금은 거래일 이후 3일 차에 증권회사가 인출하는 'T+3일' 결제 방식이다. 계좌에 넣어놓은 돈은 증권사가 해당 금액을 인출하기 전까지 고객이 출금하지 못하도록 예치금으로 별도 관리된다.

매도대금은 거래체결일 이후 3일 차에 입금된다. 단, 매도대금으로 확정된 금액이 있을 경우 그 금액만큼은 매수 주문을 체결할 수 있다. 만약 매수를 했다면 그만큼의 금액은 매도대금이 입금된 이후 곧바로 매수대금 결제를 위해 증권사가 별도 관리하게 된다.

배당금과 배당락: 한국의 배당제도와 무엇이 다른가?

배당금과 관련한 기본적인 제도는 우리나라와 동일하다. 다만, 미국은 분기배당이 보편화되어 있다는 측면에서 차이가 있다.

대표적인 배당주 중 하나로 알트리아 그룹Altria Group을 들 수 있다. 알트리아는 담배(말보로), 시가 그리고 최근에는 전자담배회사인 줄Juul을 보유한 회사로 홈페이지에 2020년 전체 분기별 배당 일정을 공개해두었다. 배당일정표를 보면 배당선언일Dividend Declaration Date, 배당락일Ex-Dividend Date, 배당기준일Record Date, 배당지급Payment이 공시되어 있다.

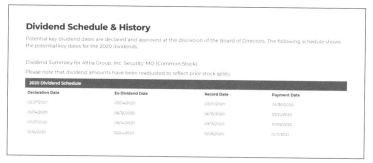

우리나라 주식과 동일하게 배당락일은 배당받는 사람이 결정되는 기준 날짜다. 배당금을 받으려면 배당락일 전까지 주식을 매수해야 한다는 점에 주의하면 된다. 각 기업이 지급한 배당금은 일반적으로 미국에서 세금을 원천징수한 후, 한국 증권 계좌에는 원천징수액이 차감된 금액이 입금된다.

관련 세금: 미국 주식 거래 시 어떤 세금이 부과되나?

미국 주식 투자로 발생하는 이익에는 두 가지가 있다. 하나는 매수한 가격보다 높은 가격에 매도해서 발생하는 매도차익이고, 다른 하나는 주식을 보유하는 기간에 회사가 지급한 배당금이다. 따라서 세금도 이 두 가지에 대해 매겨지며, 전자가 양도소득세이고 후자가 배당소득세다.

🏔 양도소득세

국내 주식에 투자할 때 2020년 현재는 대주주 요건을 충족하는 경우를 제외하고는 배당에 대한 세금밖에 발생하지 않는다. 그러나 미국 주식에 투자할 때는 대주주가 아니더라도 매도차익에 대해서도 세금이 부과된다는 점을 기억해야 한다. 한 해에 매도한 해외 주식 전체의 이익과 손실을 합쳐서 250만 원이 넘을 경우, 250만 원을 초과한 금액에 대해 22%의 세금이 부과된다.

그리고 2020년부터는 국내 주식에서 발생한 양도소득(상장주식의 경우 대주주 요건 충족 시, 양도소득이 비과세되는 경우 제외)과 해외 주식에서 발생한 양도소득을 합해서 계산할 수 있게 됐다. 예를 들어 국내 주식에서 발생한 매도손실이 2,000만 원이고 해외 주식에서 발생한 매도이익이 1,000만 원이라고 하자. 투자자 입장에서는 전체적으로 1,000만 원 손실이다. 그런데 2019년까지는 소득 합산이 불가능했기 때문에 해외 주식에서 발생한 매도이익 1,000만 원에 대해 양도소득세를 납부해야 했다. 2020년부터는 소득을 합산할 수 있기 때문에 양도소득세는 내지 않아도 된다.

투자한 미국 주식을 매도해서 원화 기준으로 매도차익이 발생하면, 다음 해 5월에 양도소득세를 신고·납부해야 한다. 양도소득세는 각 주식별로 계산해서 납부하는 것이 아니라, 대상 연도에 발생한 모든 매매 거래의 손익을 합산해서 양도차익이 발생한 경우에만 납부한다. 즉, 양도차익은 해당 연도에 발생한 모든 매매 거래 손익을 합산한 금액에서 발생한 모든 비용(수수료 및 거래 시 세금)을 차감한 금액을 기준으로 한다.

양도소득세율은 20%이며, 양도소득세에 2%의 지방소득세를 추가하여 총 22%를 관련 세금으로 신고하고 납부해야 한다.

양도소득세는 금융소득종합과세 대상이 아니며, 국세청의 홈택스Home Tax를 이용하면 편리하게 신고·납부할 수 있다. 대부분의 증권사에서 양도소득세 산정을 위한 주식매매 내역을 제공하며, 저렴한 비용으로 신고 대행을 해주는 서비스도 있다.

특히 양도소득세는 1년 단위로 세금을 계산하기 때문에 매도하는 시기에 주의해야 한다. 매도 주문이 체결되더라도 주식이 인출되는 시기는 주문일 이후 3일이기 때문에 해당 연도에 주식을 매도하려고 결정했다면 12월 마지막 영업일의 3영업일 이전에 매도하여 12월 마지막 영업일 계좌 잔고에 해당 종목이 없어야 한다.

⛰ 배당소득세

미국 회사에서 지급하는 배당금은 15%의 세금을 미국에서 원천징수한 후 한국의 개인 계좌로 입금된다. 예를 들어 100달러의 배당금을 미국 회사가 한국의 투자자에게 지급한다면, 15달러가 제외된 85달러가 한국에 개설된 증권 계좌로 입금된다.

한국 증권사에서는 별도의 세금을 추가로 원천징수하지 않고, 미국에서 입금된 배당금(원천징수 금액이 차감된)을 개인 계좌에 입금해 준다.

불곰의 투자 Tip!

미국에서 배당금을 지급할 때 원천징수하는 세율은 15%다. 우리나라에서는 배당금을 지급할 때 14%를 원천징수한다. 미국에서 원천징수한 세율(15%)이 우리나라의 세율(14%)보다 높기 때문에 한국의 개인 계좌에 입금된 미국 배당금에 대해서 추가로 원천징수하지 않는 것이다. 우리나라보다 원천징수세율이 낮은 국가로부터 배당금을 수령할 경우에는 차이가 나는 세율만큼 우리나라에서 원천징수를 하게 된다.

주의할 사항은 해당 연도 1월 1일부터 12월 31일까지 발생한 이자소득 및 배당소득이 2,000만 원을 초과하면 초과한 금액에 대해 금융소득종합과세가 적용된다는 점이다. 금융회사 등에서 개인들이 수령하는 이자 및 배당금은 소득세를 원천징수한 후의 금액이지만, 금융소득종합과세 대상이 되는지를 판정하는 금액은 소득세를 원천징수하기 전의 금액임을 유의해야 한다. 앞의 예를 다시보면, 입금된 85달러를 기준으로 금융소득종합과세 대상에 포함되는지를 판정하는 것이 아니라 원천징수되기 전의 금액인 100달러를 기준으로 판정하게 된다.

미국에서 수령한 배당금도 당연히 금융소득종합과세 산정 대상에 포함하여 2,000만 원 초과 여부를 판정하게 된다. 따라서 금융소득을 계산할 때 배당금을 누락하지 않도록 주의해야 한다. 예를 들어 금융소득을 제외한 근로소득이 1억 원인 A가 있다고 하자. 만약 A가 미국에서 수령한 배당금을 포함하여 금융소득이 3,000만 원이라고 한다면, 2,000만 원을 초과한 1,000만 원에 대해서는 추가적인 세금을 내야 하는데 근로소득과 합산하여 누진세율을 적용받기 때문에 종합소득세율 기준에 따라 세율이 35%가 된다(종합소득세율 기준표 참고).

종합소득세율 기준표

과세표준	세율
1,200만 원 이하	6%
1,200만 원 초과 4,600만 원 이하	15%
4,600만 원 초과 8,800만 원 이하	24%
8,800만 원 초과 1억 5,000만 원 이하	35%
1억 5,000만 원 초과 3억 원 이하	38%
3억 원 초과 5억 원 이하	40%
5억 원 초과	42%

⚞ 절세 방법

가장 일반적으로 사용할 수 있는 개인의 절세 방법은 이익이 난 종목을 매도해서 매도이익이 있는 경우, 손실이 난 종목을 동일한 해에 매도해서 매도차익을 줄이는 것이다.

해외 주식의 양도소득세는 해당 연도에 매매한 종목 전체의 손익을 1년 단위로 합산해서 계산한다. 그러므로 한 종목의 매도이익이 큰 경우에는 손실이 난 종목을 매도해서 손실을 확정하여 전체적인 매도이익을 줄임으로써 그해에 부담할 양도소득세를 축소시킬 수 있다.

불곰의 투자 Tip!
세금 관련 제도는 해마다 변경될 수 있다는 점을 유의해야 한다. 2023년부터는 국내 주식의 양도소득세 부과 기준 금액이 대폭 낮아지기 때문에 거래 증권사 또는 관련 세무 전문가에게 관련 세제의 변화를 정기적으로 확인하기 바란다.

해외 주식의 매도차익에 부과되는 양도소득세

1. 한 해 동안 해외 주식에서 발생한 양도차익이 250만 원을 초과한 경우 과세된다. 양도차익은 해당 연도에 매도한 해외 주식 종목 전체의 이익과 손실을 합쳐서 계산한다.

• 양도차익이 기본공제 금액인 250만 원 미만인 경우
예를 들어 다음과 같은 시나리오를 생각해보자. 불곰이 2019년 1월 2일에 아마존 주식을 주당 1,000달러에 10주 매수했다. 매수대금을 결제하는 날의 환율은 1,000원/달러였다. 그리고 2019년 12월 2일에 주당 1,100달러에 모두 매도했다. 매도한 대금이 입금된 날의 환율은 1,000원/달러였다.
이 경우 불곰이 실현한 매도차익은 매도대금 1,100만 원(10주 ×

주당 1,100달러 × 1,000원/달러)에서 매수대금 1,000만 원(10주 × 주당 1,000달러 × 1,000원/달러)을 차감한 100만 원이 된다. 매도차익이 연간 기본공제 금액인 250만 원 미만이기 때문에 별도로 납부할 양도소득세는 없다.

• 양도차익이 기본공제 금액인 250만 원을 초과한 경우

또 다른 시나리오를 보자. 2019년에 불곰은 아마존 매도차익 100만 원, 애플 매도차익 200만 원을 확보했고 거래와 관련한 수수료 10만 원이 발생했다. 이 경우 불곰이 2019년도에 실현한 양도차익은 290만 원으로 계산된다.

양도차익 = 아마존 매도차익 100만 원 + 애플 매도차익 200만 원 - 거래수
수료 10만 원 = 290만 원

불곰의 양도차익 290만 원은 기본공제액인 250만 원을 초과한다. 따라서 초과한 40만 원에 대해 22%의 세율을 적용한 8만 8,000원을 2020년 5월에 국세청에 신고하고 납부해야 한다.

2. 손실 난 종목이 있는 경우 같은 해에 매도해서 양도차익을 축소시킬 수 있다.

• 양도소득세 절세 방법: 손실 난 종목이 있는 경우

바로 앞의 예에서 불곰의 포트폴리오에 구글이 포함되어 있었고 그 평가손실이 100만 원이었다고 가정해보자. 불곰은 구글 주식을 2019년 12월 24일에 매도해서 평가손실 100만 원을 확정했다. 이 경우 불곰이 2019년도에 실현한 양도차익은 290만 원이 아니라 190만 원이 된다.

양도차익 = 아마존 매도차익 100만 원 + 애플 매도차익 200만 원 − 구글 매

도차손 100만 원 − 거래수수료 10만 원 = 190만 원

양도차익이 기본공제액인 250만 원보다 적어졌기 때문에 불곰이 2020년에 납부할 양도소득세는 없다. 다만, 세금 신고는 별도로 해야 한다.

3. 원화로 환산한 금액을 계산하기 때문에 매수 시점과 매도 시점의 환율 변동으로 세금이 발생할 수도 있다.

테슬라 주식 20주를 1주당 500달러에 매수하고 매수대금이 출금되는 날의 환율이 1,000원/달러였는데, 매수 가격과 동일하게 1주당 500달러에 매도하였지만 매도대금이 계좌에 입금되는 날의 환율이 1,750원/달러라면 양도소득세는 어떻게 될까? 결론적으로 원화로 계산한 양도차익 750만 원[(20주 × 500달러 × 1,750원/달러) - (20주 × 500달러 × 1,000원/달러)] 중 기본공제액 250만

원을 뺀 500만 원에 대해 세금을 신고하고 22%의 세금을 납부해야 한다.

달러가 계좌에서 입출금되는 날의 기준환율을 적용한 원화 금액으로 양도차익을 계산한다는 점에 주의해야 한다. 달러 기준으로는 주가가 상승했지만, 환율이 하락해서 원화 기준으로는 매도손실인데 세금까지 내야 한다면 받아들이기 힘들 것이다. 그래서 원화 기준으로 매도이익이 발생했을 때 세금을 내는 것이다.

그리고 달러가 계좌에 입금된 날부터 실제 환전하는 날 사이에 환율이 상승해서 발생하는 이익은 환차익으로 분류되기 때문에 과세되지 않는다. 앞의 예에서 입금되는 날의 환율이 1,750원/달러, 환전하는 날의 환율이 2,000원/달러라고 할 때 환율 상승으로 증가한 250만 원[(2,000원/달러 - 1,750원/달러) × 20주 × 500달러]은 과세되지 않는다.

4. 양도차익은 금융소득종합과세 대상에 포함되지 않는다.

금융소득종합과세 대상이 되는 금융소득은 법령에 열거되어 있는데, 해외 주식의 양도차익은 그 대상에 포함되지 않는다. 다만, 해외 주식에서 발생하는 배당소득은 국내 주식과 마찬가지로 금융소득종합과세 대상에 포함된다.

미국 주식의 투자정보 꿰뚫기

03

온갖 투자 전략이 경쟁하는 곳, 미국 주식시장

미국 주식시장은 전 세계 수억 명의 투자자가 다양한 투자 전략을 적용하는 곳이다. 차트만 보고 투자하는 사람, 저평가된 주식을 찾아 가치투자를 하는 사람 등 여러 가지 접근 방법이 적용된다. 최근에는 컴퓨터 알고리즘에 의한 자동 매매에 이르기까지 매우 다양한 방법과 투자 기술들이 적용되고 있다.

불곰은 미국 주식시장에 투자할 때의 핵심을 한 단어로 정의하고 싶다. 바로 '실적'이다. 다양하게 공개되어 있는 자료를 통해 사업을 먼저 이해한 후, 여러 지표를 통해 사업이 잘 운영되고 있는지 확인하고 투자 시기를 결정하는 것이 왕초보자들에게 가장 안전한 방법이라고 생각한다. 이름도 들어보지 못한 낯선 회사라고 해서 두려워할 이유는 없다. 우리에게 알려지지 않았을 뿐, 이미 세계적인 기업이고 시가총액이 큰 회사인 경우도 많다.

지금부터 종목 선정을 위해 필요한 개별 종목의 정보를 확인하는 방법, 회사의 사업보고서를 확인하는 방법 그리고 실적 발표(콘퍼런스콜) 내용을 확인하는 방법을 설명하겠다.

종목 정보 이해하기: 월트디즈니를 예로

개별 기업의 정보를 어떻게 확인할 수 있을까? 우선 종목 정보를 찾기 위해 야후파이낸스finance.yahoo.com에 접속한다. 그러면 다음과 같은 검색창이 나오는데 여기에 회사 이름이나 회사 알파벳 심볼(티커)을 입력한다.

불곰의 투자 Tip!

티커(Ticker)란?

회사 이름을 몇 개의 알파벳으로 나타낸 것으로, 주식시장에서 통용되는 일종의 기업 코드라고 할 수 있다. 예를 들어 아마존(Amozon)은 'AMZN', 마이크로소프트(Microsoft)는 'MSFT', 페이스북(Facebook)은 'FB'로 표시한다.

검색창에 월트디즈니를 입력해보자. 월트디즈니의 티커는 'DIS'다(티커를 모두 소문자로 타이핑해도 관계없다). 그러면 다음과 같은 메뉴가 있는 페이지가 열린다.

하단을 보면 'Summary'부터 시작해서 'Sustainability'까지 12개의 메뉴가 있는데, 기업을 이해하는 데 아주 중요한 정보들이 담겨 있다. 지금부터 이 각각이 어떤 의미를 가지는지 설명하겠다. 하나하나가 중요한 의미를 가지고 있으니, 그냥 흘려 읽지 말고 꼼꼼히 곱씹으면서 내포된 의미를 최대한 뽑아내려고 노력하기 바란다.

📈 Summary Part: 기업의 주가, 이익, 배당 등 가장 중요한 정보를 요약한 부분

❶ NYSE(New York Stock Exchange): 뉴욕증권거래소

❷ Previous Close: 거래가 된 전일의 종가

❸ Open: 당일 거래 시작가

❹ Bid: 매수 호가(주식을 사고자 하는 사람이 입찰을 한다는 의미)

❺ Ask: 매도 호가(입찰하는 사람들에게 가격을 요청한다는 의미)

> Bid-Ask Spread: 매수 가격과 매도 가격의 차이

❻ Day's Range: 당일 최고가와 최저가의 범위

❼ 52 Week Range: 52주간(1년간) 최고가와 최저가의 범위

❽ Volume: 당일 거래량

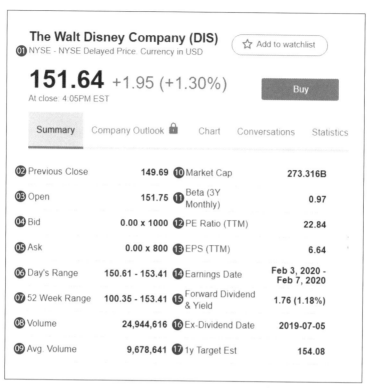

The Walt Disney Company (DIS)
① NYSE - NYSE Delayed Price. Currency in USD

151.64 +1.95 (+1.30%)
At close: 4:05PM EST

Buy

Summary   Company Outlook 🔒   Chart   Conversations   Statistics

② Previous Close	149.69	⑩ Market Cap	273.316B
③ Open	151.75	⑪ Beta (3Y Monthly)	0.97
④ Bid	0.00 x 1000	⑫ PE Ratio (TTM)	22.84
⑤ Ask	0.00 x 800	⑬ EPS (TTM)	6.64
⑥ Day's Range	150.61 - 153.41	⑭ Earnings Date	Feb 3, 2020 - Feb 7, 2020
⑦ 52 Week Range	100.35 - 153.41	⑮ Forward Dividend & Yield	1.76 (1.18%)
⑧ Volume	24,944,616	⑯ Ex-Dividend Date	2019-07-05
⑨ Avg. Volume	9,678,641	⑰ 1y Target Est	154.08

출처: 야후파이낸스 Summary

⑨ Avg. Volume: 평균 거래량

⑩ Market Cap: 시가총액(Cap은 Capitalization의 약어)

> 273.316B는 2,733억 1,600만 달러라는 뜻이다. 여기서 'B'는 10억(Billion)의 약어다.
> 환율 1,175원/달러를 적용할 경우 273.316B는 원화로 약 321조 원이 된다.

⑪ Beta(3Y Monthly): 베타. 전체 주식시장의 변동성과 해당 종목의 변동
성을 비교한다. 3Y Monthly는 3년 기준 월별 변동을 의미한다.

숫자가 1보다 크면 시장보다 주가가 더 크게 변동한다는 뜻이고 1보다 작으면 시장보다 주가가 더 작게 변동한다는 의미다. 이 종목에서 베타가 0.97이라는 건 시장 민감도가 0.97이라는 뜻으로, 전체 주식시장이 1만큼 오르거나 내리면 이 종목은 0.97만큼 오르거나 내린다는 걸 나타낸다.

❷ PE Ratio: 주가수익비율. 'Price Earning Ratio'의 약자로 Price(주가), Earning(1주당 수익), Ratio(비율)라는 뜻을 가지며 P/E로 표기하기도 한다.

주가수익비율은 현재 회사의 주가와 1주당 수익(EPS)의 비율을 말한다(PE Ratio 공식 = 회사의 주가/1주당 수익). 그래서 PE Ratio가 높으면 높을수록 회사의 주식이 과대평가 상태이거나 투자자들이 기업의 미래가치를 높게 생각하고 있음을 나타낸다. 회사에 손실이 발생하면 PE Ratio 공식에 분모가 없기 때문에 계산할 수 없어서 'not applicable' 또는 'N/A'로 표시한다.
그리고 TTM은 'Trailing 12 Month'의 약자로 최근 월 대비 과거 12개월을 의미한다. 따라서 12개월이 반드시 회계연도 종료 기간과 일치하지 않는다. 예를 들어 작년 3분기와 4분기, 올해 1분기와 2분기에 걸친 12개월간을 의미할 수도 있다.

❸ EPS(ttm): 최근 월 대비 과거 12개월의 1주당 수익

EPS는 Earning(수익) Per Share(1주당)의 약자로, '(당기순이익 - 우선주에 대한 배당금)/총 주식 수'로 계산된다. EPS에는 Basic EPS(기본 주당이익)와 Diluted EPS(희석 주당이익)가 있다. Basic EPS는 회사에서 발행한 보통주만을 고려하는 것이고 Diluted EPS는 회사가 발행한 CB(전환사채), BW(신주인수권부 사채), Convertible Preferred Stock(전환우선주) 등 보통주로 전환 가능한 모든 유가증권을 포함하여 산출한다.

❹ Earnings Date: 회사의 재무 보고서 등을 포함한 다음 분기 실적 발표일
❺ Forward Dividend & Yield: 기대 배당금 & 수익률

기대 배당금은 최근에 지급된 배당금을 기준으로 1년간 받을 누적 배당금을 말한다. 보통 1년에 분기별로 네 번 배당하는 회사가 많다. 사례로 설명하는 월트디즈니의 경우 최근 1년간 주주들에게 1.76달러를 배당금으로 지급했다.
배당수익률은 배당금을 현재의 주가로 나눠 100을 곱해 백분율로 나타낸다. 표에 나오는 배당수익률은 하루 전 주가(149.69달러)가 반영된[(1.76/149.69) × 100 = 1.18%] 것이다.

예를 들어, ABC라는 회사의 현재 주가가 100달러라고 가정하고 1년간 분기별로 다음과 같이 배당을 주었다고 해보자.
– 3월: 0.7달러/1주
– 6월: 0.7달러/1주
– 9월: 0.7달러/1주
– 12월: 0.7달러/1주
주식회사 ABC는 최근 12개월 동안 주식 1주당 2.8달러를 배당했으므로 배당수익률은 2.8%(2.8/100 × 100)가 된다.

❶ Ex-Dividend Date: 배당락일(배당을 받을 수 있는 권리가 없어지는 날)

배당을 받기 위해서는 반드시 배당락일 전에 주식을 매수해야 한다. 배당락 당일이나 이후에 매수하면 배당금을 받을 수 없다. 다른 예로 기존 주주가 배당락일 당일에 매도했다면 배당락 전일 주주로 있었기 때문에 배당을 받을 수 있다.
미국 주식시장에서 회사는 배당과 관련하여 다음과 같은 4단계 날짜를 확정하여 발표해야 한다.
– 1단계 Declaration date: 회사가 향후에 배당을 언제 할 것이라고 발표한 날(배당 발표일)
– 2단계 Ex-Dividend date: 어떤 주주가 배당을 받을 자격이 있는지 결정하는 날(배당락일)
– 3단계 Record-date: 현재의 주주명부를 검토하여 배당금을 받을 사람을 기록하는 날
– 4단계 Payable date: 주주들에게 실제로 배당금이 지급되는 날(배당지급일)

❷ 1y Target Est: 해당 종목 애널리스트들의 1년 후 예상 주가를 평균한 Market Consensus(시장 평균적인 의견) 주가

📊 Chart Part: 투자자 성향에 맞춰 조정해서 볼 수 있는 차트 부분

출처: 야후파이낸스 Chart

❶ Indicators: 주식의 변동을 나타내는 주가 지표. 예를 들어 하단에 있는 보조지표 MACD를 지정할 수 있고 그 외에 이동평균선, RSI, 볼린저밴드 등도 나타낼 수 있다.

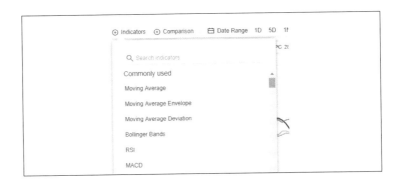

02 Comparison: 기업의 주가가 DOW(다우존스지수), NASDAQ(나스닥지수), S&P500지수와 어떻게 연동해서 변동했는지 알 수 있다.

03 Date Range: 기간별 주가 변동을 확인할 수 있다.

- 1D, 5D: 1Day(하루), 5Day(5일간)의 주가 변동을 확인한다.
- 1M, 3M, 6M: 1Month(1개월), 3Month(3개월), 6Month(6개월)의 주가 변동을 확인한다.
- YTD: Year To Date. 올해의 시작일부터 현재까지의 주가 변동을 확인한다.
- 1Y, 2Y, 5Y: 1Year(1년), 2Year(2년), 5Year(5년)의 주가 변동을 확인한다.
- MAX: 상장된 이후 모든 기간의 주가 변동을 확인한다.

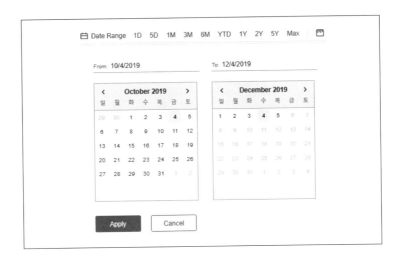

❹ Interval: 분봉, 일봉, 주봉, 월봉 등을 선택하여 확인할 수 있다.

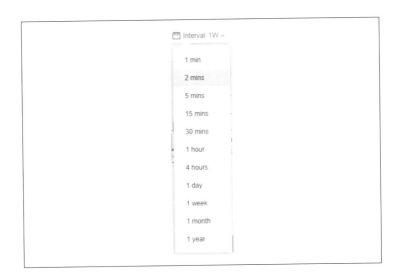

❺ Hollow Candle: 속이 빈 캔들차트를 볼 때 선택한다. 캔들 이외에
도 라인, Bar, Area로 차트를 확인할 수 있다.

06 Draw: 투자자 자신이 그래프를 이동시키면서 자유롭게 확인할 수 있다. 1962년도 월트디즈니컴퍼니(주)의 상장 당시 주가도 확인할 수 있다.

출처: 야후파이낸스 chart

📈 Conversation Part: 종목 토론방

우리나라 포털 사이트의 주식 관련 종목 토론방처럼 미국 일반 투자자들의 자유로운 토론을 접할 수 있는 곳이다. 구글 번역기를 이용해서 볼 수도 있다.

종목 토론방에서 자주 쓰이는 용어 모음

- Dirt cheap: 완전 떨이 가격, 동전주

- Asset stripping: 회사의 경영권을 장악하여 회사 가치를 키우는 것이 아니라 회사 자산(asset)을 팔아치우는(strip)기업 사냥꾼들의 행위

- ATH(all-time-high): 최고점

- Bagholder: 휴짓조각이 된 주식을 가지고 있는 사람. 깡통 찬 주식투자자

- Black swan: '검은 백조'처럼 극히 예외적이어서 발생 가능성은 매우 낮지만 일단 발생하면 엄청난 충격과 파급효과를 가져오는 사건

- Bottom fishing: 최저가로 떨어진 주식을 노리고 사는 행위

- Dark pool: 주식시장에서 장 시작 전 기관투자자의 대량 매수·매도 주문을 받은 후, 장이 끝나면 당일 평균주가에 가중치를 부여해 매매를 체결하는 블록 딜(Block Deal) 형식의 장외 거래 시스템(다크풀은 장중 주가 변동에 미칠 영향을 줄여 안정성을 높일 수 있다는 긍정적인 측면도 있지만 증시 투명성을 저해한다는 비판도 제기됨)

- Dead cat bounce: 하락 후 발생하는 짧은 기계적 반등(주식시장에서 주가가 대폭 하락한 뒤 잠깐 상승하는 것. 이 뒤에는 흔히 추가 하락이 이어짐. 고양이가 높은 곳에서 떨어진다고 해도 죽지 않고 다시 일어서는 것에서 비롯됨)

- Dog: 오랫동안(한 번도) 성과를 내지 못하는 주식을 일컫는 말

- Dove: 낮은 실업률이 가장 중요한 금융정책이라고 믿는 사람

- Hawk: 낮은 인플레이션이 가장 중요한 금융정책이라고 믿는 사람

- Fat-finger trade: 키보드 입력 실수로 예상했던 것보다 더 큰 규모로 잘못된 주식을 잘못된 가격에 매도 또는 매수한 경우

- Flash crash: 짧은 시간 동안의 심각한 폭락

- FOMO(Fear of missing out): 아무 분석도 하지 않고 남들이 다 하고 있으니까(그들이 돈을 버는 것처럼 보이니까) 나도 뭔가를 해야겠다는(투자를 해야겠다는) 심리

- FUD(Fear, uncertainty and doubt): 공매자가 퍼트리는, 근거도 없이 주가가 내려갈 것이라는 부정적인 소문
- FUDster: FUD를 퍼트리는 공매자
- Mint: 큰 액수의 돈
- Ostrich: 안 좋은 뉴스를 믿기를 거부하는 사람
- Pig: 욕심 때문에 판단력이 흐려진 투자자
- Bull/bullish: 황소, 강세장, 주가 상승세
- Bear/bearish: 곰, 약세장, 주가 하락세
- Poison pill: 기업이 적대적 M&A 세력들에게 독약을 준다는 의미로 기업의 경영권을 지키기 위한 여러 가지 방어 전략(거액의 퇴직금, 신주 발행 등)을 가리킴
- Pump and dump: 헐값에 매수한 주식을 폭등시킨 뒤 팔아치우는 것
- Stag: 기업 공모 시에 주식을 산 후 가격이 오르면 바로 팔아버리려는 투자자
- Whipsaw: 매수하자마자 주가가 급락하는 것
- Jigged-out: 주가가 잠시 내려갔다가 장이 마감하기 전에 다시 정상가로 돌아온 경우
- Melt up: 경제 상황 또는 기본적인 지표의 개선이 아니라, 상승세를 놓칠까 봐 두려워 참여하는 투자자들의 움직임으로 주가가 급등하는 상황
- Melt down: 매수한 주식이 단기간에 급락하여 큰 손해를 보아

더 이상 거래가 힘든 경우

- Nut: 총 거래수수료

- Scalper: 한 번에 큰 수익을 목표로 하지 않고 아주 짧은 시간
  동안 많은 거래를 통해 수익을 노리는 초단타 매매자

- Tanking: 분기 실적이 저조한 주식

- Crunching: 주가가 바닥으로 떨어지는 중

- Flavor: 주식 및 옵션 등 상품을 일컫는 은어

📊 Statistics Part: 종목의 가치 평가, 재무 핵심, 주식 거래 정보를 확인하는 부분

Valuation Measures(가치 평가 방법)

❶ Market Cap: 시가총액. 시가총액은 현재의 주가에 회사가 보유한 주식을 제외하고 투자자가 보유한 모든 주식을 곱한 총액을 말한다. 267.26B는 2,672억 6,000만 달러를 의미한다.

❷ Enterprise Value: 기업가치. 이 수치는 주석Footnotes에 야후파이낸스에서 여러 자료로부터 계산된 데이터라고 명시되어 있다.

❸ Trailing P/E: 직전 4분기 12개월간의 주당순이익을 사용하여 계산한 후행 주가수익비율. Trailing P/E는 과거 수치로 계산하기 때문에 누가 계산해도 똑같다.

❹ Forward P/E: 향후 12개월 동안의 주당순이익을 예측하여 계산한 예상 주가수익비율. Forward P/E는 예측하는 분석가마다 분석 기

준이 다르기 때문에 모두 같지 않다.

Financial Highlights(재무 하이라이트)

Financial Highlights	
① Fiscal Year	
② Fiscal Year Ends	28-Sep-19
③ Most Recent Quarter (mrq)	Seo 28, 2019
④ Profitability	
⑤ Profit Margin	15.89%
⑥ Operating Margin (ttm)	17.18%
⑦ Management Effectiveness	
⑧ Return on Assets (ttm)	5.11%
⑨ Return on Equity (ttm)	13.92%

출처: 야후파이낸스 Statistics

① Fiscal Year: 회계연도

② Fiscal Year Ends: 회계연도 말일. 따라서 2019년 회계연도는 2018

년 10월 1일~2019년 9월 28일이 된다.

③ Most Recent Quarter(mrq): 최근 분기

④ Profitability: 수익성

⑤ Profit Margin: 당기순이익률

⑥ Operating Margin: 영업이익률

⑦ Management Effectiveness: 경영 효과

⑧ Return on Assets(ttm): 최근 12개월 총자산이익률ROA

총자산에서 당기순이익이 차지하는 비중을 말한다. 계산 방식은 '(당기순이익/총자산) × 100'이다. 자산을 얼마나 효율적으로 운용했는지를 판단할 수 있는 지표다. 단, 이 지표는 부채가 포함되어 계산된 것이므로 투자 시에는 부채비율을 확인해야 한다.

❾ Return on Equity(ttm): 최근 12개월 자기자본이익률ROE

자기자본에서 당기순이익이 차지하는 비중을 말한다. 계산 방식은 '(당기순이익/자기자본) × 100'이다. 경영을 얼마나 효율적으로 했는지를 알 수 있는 수익성 지표다. 이 지표의 문제는 영업과 관련 없는 특별이익이 발생해도 수치가 높게 나온다는 점이다. 따라서 과거의 ROE를 같이 비교하면서 일정한 ROE가 나오는지를 확인하는 것이 좋다.

Income Statement(손익계산서)

Income Statement	
❶ Revenue (ttm)	69.57 B
❷ Revenue Per Share (ttm)	42.01
❸ Quarterly Revenue Growth (yoy)	33.50%
❹ Gross Profit (ttm)	27.55B
❺ EBITDA	16.11B
❻ Net Income Avi to Common (ttm)	10.44B
❼ Diluted EPS (ttm)	6.64
❽ Quarterly Earnings Growth (yoy)	−54.60%

출처: 야후파이낸스 Statistics

❶ Revenue(ttm): 최근 12개월 매출액

❷ Revenue Per Share(ttm): 최근 12개월 주당 매출액

❸ Quarterly Revenue Growth(yoy): 작년 동 분기 대비year over year **매출성장률**

④ Gross Profit(ttm): 최근 12개월 총매출이익

⑤ EBITDA: 이자비용, 법인세, 감가상각비와 무형자산상각비를 차감하기 전 이익('Earnings Before Interest, Taxes, Depreciation and Amortization'의 약어). 회사가 영업활동을 통해 벌어들일 수 있는 현금 창출 능력을 나타낸다.

⑥ Net Income Avi to Common(ttm): 최근 12개월 기준 보통주 주주에게 분배 가능한 당기순이익

⑦ Diluted EPS(ttm): 최근 12개월 기준 희석된 주당순이익

⑧ Quarterly Earnings Growth(yoy): 작년 동 분기 대비 수익성장률

Balance Sheet(재무상태표)

Balance Sheet

① Total Cash (mrq)	5.42 B
② Total Cash Per Share (mrq)	3.01
③ Total Debt (mrq)	46.99 B
④ Total Debt/Equity	45.68

출처: 야후파이낸스 Statistics

① Total Cash(mrq): 최근 분기 총현금

② Total Cash Per Share(mrq): 최근 분기 1주당 보유현금

③ Total Debt(mrq): 최근 분기 총부채

④ Total Debt/Equity(mrq): 최근 분기 부채비율

Dividends & Splits(배당과 주식분할)

Dividends & Splits

01	Forward Annual Dividend Rate	1.76
02	Forward Annual Dividend Yield	1.18%
03	Trailing Annual Dividend Rate	1.76
04	Trailing Annual Dividend Yield	1.19%
05	5 Year Average Dividend Yield	1.42
06	Payout Ratio	28.07%
07	Dividend Date	25-Jul-19
08	Ex-Dividend Date	05-Jul-19
09	Last Split Factor (new per old)	9865 / 10000
10	Last Split Date	13-Jun-07

출처: 야후파이낸스 Statistics

01 Forward Annual Dividend Rate: 예상 연간 배당률

02 Forward Annual Dividend Yield: 예상 연간 배당수익률

03 Trailing Annual Dividend Rate: 지난 연간 배당률

04 Trailing Annual Dividend Yield: 지난 연간 배당수익률

05 5 Year Average Dividend Yield: 5년 평균 배당수익률

06 Payout Ratio: 배당 성향

07 Dividend Date: 배당일

08 Ex-Dividend Date: 배당락일

09 Last Split Factor: 마지막 주식분할 방식

10 Last Split Date: 마지막 주식분할일

불곰의 투자 Tip!

배당과 관련한 영어 표현을 정리하면 다음과 같다.
- Dividend Rate: 배당률(주당 배당금/주당 액면가액)
- Dividend Yield: 배당수익률(주당 배당금/현재 주가)
- Payout Ratio: 배당 성향(주당 배당금/주당순이익)

📊 Financial Part: 회사의 연간 및 분기 재무제표를 확인하는 부분

출처: 야후파이낸스 Financials

❶ Income Statement, Balance Sheet, Cash Flow: 확인하고 싶은 재무제표의 종류(손익계산서, 재무상태표, 현금흐름표)를 선택한다.

❷ All numbers in thousands: 재무제표의 모든 숫자는 1,000달러 단위로 표시되어 있다. 숫자 크기의 감을 잡기 위해서는 두 번째 콤마가 있는 곳 앞 숫자를 10억 달러, 즉 1조 원으로 생각하면 된다(1달러 = 1,000원이라고 가정).

❸ Annual, Quarterly: 연간 기준 재무제표 또는 분기 기준 재무제표를 선택한다.

> 연간 기준의 손익계산서와 현금흐름표에 표시되는 TTM(Trailing Twelve Months)은 최근 12개월 실적을 합친 숫자다. 예를 들어 디즈니(DIS)의 TTM 기준 연간 총매출액은 64,776,000천 달러인데, 이 숫자는 직전 4개 분기에 발표된 총매출액 실적을 합한 값이다.

Income Statement(손익계산서)

출처: 야후파이낸스 Financials

손익계산서의 영문 항목들을 한국 기업의 재무제표에서 사용하는 항목으로 정리하면 다음과 같다.

Income Statement	손익계산서
(1) Total Revenue	매출액
(2) Cost of Revenue	매출원가
(3) Gross Profit(= (1)-(2))	매출총이익
(4) Total Operating Expenses - Research Development - Selling General and Administrative	총영업비용 - 연구개발비 - 판매비와관리비
(5) Operating Income or Loss(= (3)-(4))	영업이익(손실)
(6) Interest Expense	이자비용
(7) Total Other Income/Expenses Net	총 기타 수익/비용
(8) Income Before Tax(= (5)-(6)-(7))	법인세비용차감전순이익
(9) Income Tax Expense	법인세비용
(10) Income from Continuing Operations	계속영업이익
(11) Net Income(= (8) -(9))	당기순이익
참고 목적으로 제공되는 손익 관련 정보	
Net Income available to common shareholders	보통주 주주에게 분배 가능한 당기순이익
Reported EPS - Basic - Diluted	주당이익 - 기본주당이익 - 희석주당이익
Weighted average shares outstanding - Basic - Diluted	가중평균유통 주식 수 - 기본 주식 수 - 희석 효과 반영한 주식 수
EBITDA(Earnings Before Interest, Taxes, Depreciation and Amortization)	이자비용, 세금, 감가상각비, 무형자산상각비 차감전이익

우리나라 손익계산서에서 연구개발비는 판매비와관리비를 구성하는 항목이지만, 미국 손익계산서에서는 연구개발비, 판매비와관리비를 합하여 총영업비용으로 분류한다. 단순히 정보 표시 방법의 차이이기 때문에 미국 손익계산서의 총영업비용을 우리나라

손익계산서의 판매비와관리비로 생각해도 무방하다. 이자비용은 손익계산서의 기타비용 항목에 포함되는 항목이지만, 정보 이용자의 편의를 위해 야후파이낸스에서 별도로 분류해놓은 항목이다. EBITDA 역시 마찬가지다.

Balance Sheet(재무상태표)

Balance Sheet	재무상태표
Assets	자산
Current Assets	유동자산
Cash	현금
Net Receivables	매출채권
Inventory	재고자산
Other Current Assets	기타유동자산
Non-current assets	비유동자산
Property, plant and equipment	유형자산
Equity and other investments	유가증권 및 기타 투자
Goodwill	영업권
Intangible Assets	무형자산
Other long-term assets	기타비유동자산
Liabilities and stockholders' equity	부채와 자본
Liabilities	부채
Current Liabilities	유동부채
Non-current liabilities	비유동부채
Stockholders' Equity	자본
Common Stock	자본금
Retained Earnings	이익잉여금
Accumulated other comprehensive income	기타포괄손익 누계액

우리나라 재무제표의 관계기업 및 공동기업투자항목과 같이 다른 회사의 지분 또는 채권에 대한 투자를 미국 재무제표에서는 'Equity and other investments' 항목에 집계하여 보고한다.

Cashflow(현금흐름표)

Cashflow	현금흐름표
Cash flows from operating activities	영업활동현금흐름
Cash flows from investing activities	투자활동현금흐름
Cash flows from financing activities	재무활동현금흐름
Net change in cash	현금 및 현금성 자산의 순증개(감소)
Cash at beginning of period	기초의 현금 및 현금성 자산
Cash at end of period	기말의 현금 및 현금성 자산
참고 목적으로 제공되는 현금흐름표 관련 정보	
Operating Cash Flow(1)	영업활동현금흐름
Capital Expenditure(2)	자본적 지출
Free Cash Flow(= (1) – (2))	잉여현금흐름

Earnings(분기별 주당순이익)

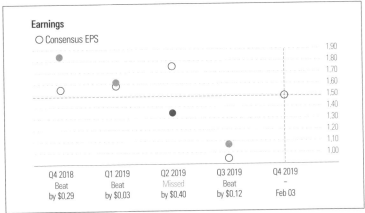

출처: 야후파이낸스 Earnings

야후파이낸스 'Financials' 화면에서 우측을 보면 'Earnings'라는 메뉴가 있다.

분기별 EPS(주당순이익)를 나타낸 표로, 각 원은 주식시장 전문가들의 컨센서스Consensus, 즉 평균 예상치를 표시한다. 실제의 EPS가 시장 예상치보다 높으면 녹색으로 표시하고(이 책에서는 회색으로 나타냈다) 'Beat(이겼다는 의미)'라 말하고, 시장 예상치보다 낮으면 빨간색으로 표시하고 'Missed(못 미친다는 의미)'라 말한다.

불곰의 투자 Tip!

이 표에서 주의할 점은 하단에 있는 분기 표시가 회계기준이 아니라 단순히 발표된 날짜 기준이라는 것이다. 기업마다 회계연도가 다르기 때문에 실적발표일 기준으로 순차적으로 표시된다는 점에 주의하자.

📈 Analysis Part: 전문가들이 실적을 예측하면서 매수·매도를 추천하는 부분

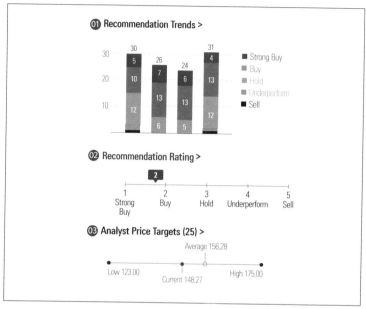

출처: 야후파이낸스 Recommendation Trends

❶ Recommendation Trends: 종목 추천 추세. 9월부터 12월까지 매달 종목의 강력매수Strong Buy, 매수Buy, 보유Hold, 미달Underperform, 매도 Sell 의견을 표시한 애널리스트들의 숫자가 적혀 있는 표

❷ Recommendation Rating: 최종적인 추천점수

❸ Analyst Price Targets: 애널리스트들의 평균 목표 주가

📊 Holders Part: 주요 주주 구성과 내부자 매매 현황을 확인하는 부분

Major Holders(주요 주주)

Major Holders

Breakdown

0.19%	% of Shares Held by All Insider
54.83%	% of Shares Held by All Institutions
54.94%	% of Float Held by Institutions
2,949	Number of Institutions Holding Shares

출처: 야후파이낸스 Holders

기업의 주요 주주들을 나타내는 표다. 월트디즈니의 예에서 볼 수 있듯이, 미국 주요 기업들의 대부분 지분을 기관투자자들이 보유하고 있다.

Insider Purchases Last 6 Months(최근 6개월간 내부자 매매 현황)

Insider Purchases Last 6 Months	Shares
Purchases	239,494
Sales	243,791
Net Shares Purchased (Sold)	-4,296
Total Insider Shares Held	3.51M
% Net Shares Purchased (Sold)	-0.10%

출처: 야후파이낸스 Holders

이 파트에서는 대주주 구성보다는 내부자 매매 현황을 체크하는 것이 중요하다. 중요 정보를 많이 알고 있는 내부자들이 대량 매도 또는 매수를 한다면 가까운 미래의 주가에 큰 변화가 발생할 수도 있기 때문이다.

📈 Sustainability Part: 비즈니스의 지속 가능성 관련 리스크를 검토하는 부분

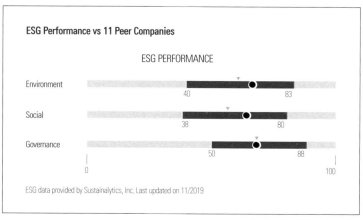

출처: 야후파이낸스 Sustainability

ESG는 Environment, Social and Governance의 약어로 기업의 재무적 성과뿐만 아니라 기업의 이산화탄소 배출량과 같은 환경적인 요소Environment, 사회적 책임과 같은 사회적 요소Social, 지배구조Governance 등을 수치로 표시한 지표다. 흔히 '착한 기업 지수'라고도 하는데 최근 들어 투자의 한 요소로 인식되고 있다. 경쟁 업체Peer Companies들의 평균치에서 많이 벗어나지 않는다면 괜찮다고 판단한다. 예를 들어 술, 담배, 도박, 무기, 성인물, 모피, GMO 등과 같은 제품을 생산하는 회사들은 대체로 ESG지수가 좋지 않다.

종목 탐색기(Equity Screener) 사용법

야후파이낸스의 스톡 스크리너(stock screener) 기능을 이용하면, 투자자가 설정한 기준을 만족시키는 종목을 찾을 수 있다.

출처: 야후파이낸스

야후파이낸스에서 'Equity Screener(종목 탐색기)'로 들어간다. 여기에서 다양한 항목의 기준들을 선택할 수 있다.

예를 들어 'Region(지역)' 메뉴를 선택하면 탐색하고자 하는 국가를 선택할 수 있다. 다음 그림의 하단에 있는 '+ Add another filter'를 클릭하면 보다 다양한 지표를 선택할 수 있다.

지표들을 선택한 이후 'Find Stocks' 버튼을 누르면 'Estimated results'에 해당 기준을 충족하는 종목의 숫자와 리스트가 제시된다.

주요 추가 지표들은 다음과 같다.

출처: 야후파이낸스

- Total Revenues, 1 Yr. Growth %(LTM): 최근 12개월 기준 매출액 연 성장률

- Net Income, 1 Yr. Growth %(LTM): 최근 12개월 기준 순이익 연 성장률

- Quarterly Revenue Growth(yoy): 전년 동기 대비 분기 매출액 성장률

- Return On Equity %(LTM): 최근 12개월 기준 자기자본 수익률

- Dividend Yield %: 배당수익률

- Total Debt/Equity %: 부채비율

추가한 지표마다 설정하고 싶은 기준값을 입력한 다음 'Find Stocks' 버튼을 누르면 된다.

예를 들어 미국 주식시장에 상장된 종목 중 '최근 12개월 기준 매출액 연 성장률이 20%보다 크고, 최근 12개월 기준 자기자

본 수익률이 20%이며, 배당수익률이 2%보다 크고, 부채비율이 100% 이하'라고 조건을 입력하면 다음과 같이 총 34개의 종목이 검색된다(2020년 8월 11일 기준).

사업보고서 이해하기: 테슬라를 예로

우리나라의 상장사들이 분기마다 사업보고서를 공시하듯이 미국에 상장된 회사들도 분기마다 보고서를 제출해야 한다. 우리나라의 사업보고서가 산업 정보, 회사의 사업 운영 현황, 주주 및 임원 정보, 재무제표 및 주석 등으로 구성되어 있듯이 미국의 사업보고서도 비슷한 구성으로 되어 있다.

가장 큰 차이점으로는 미국에 상장된 회사들은 매 사업보고서에 회사의 실적에 영향을 줄 수 있는 위험 요소를 기재하게 되어 있다는 것이다. 한국에서는 상장 시에 제출하는 증권신고서에 기재한 이후 대부분이 업데이트를 하지 않지만, 미국은 매 분기에 공시하게 되어 있다. 그리고 분기별로 실적이 증가한 이유에 대한 증감분석을 제공하며, 임원의 연봉 및 보상 프로그램에 대해서도 자세히 기재한다.

모든 회사는 홈페이지에 투자자가 회사의 사업보고서 및 공시 자료를 찾을 수 있도록 게재해둔다. 우리나라 상장기업들이 대부분 그렇듯이, 홈페이지의 화면에서 'Investors'라고 표시된 메뉴를 찾아 들어가면, 회사가 공시한 사업보고서 및 IR 자료 등을 볼 수 있다.

예를 들어 애플 홈페이지(www.apple.com)에 들어가 사이트맵을 보면, 'ABOUT APPLE'이 있고 그 안에 'Investors'라는 메뉴가 있다.

출처: 애플 홈페이지

Investors 메뉴를 눌러 화면을 이동하면, SEC Filings(미국증권거래위원회 제출 서류) 항목이 있다. 이 메뉴에 애플이 제출한 사업보고서 등 서류가 공개되어 있으니 확인하고 싶은 사람은 누구나 다운로드받으면 된다. 회사에 따라서는 미국증권거래위원회에 제출한 서류뿐만 아니라, 투자자들이 이해하기 쉽게 작성한 IR 자료들을 올려놓은 곳도 많다. 이를 투자에 참고하면 도움이 될 것이다.

Filing	Description	Date	Format
8-K	Current report filing	Aug 07, 2020	PDF, RTF, XLS, ZIP, HTML
10-Q	Quarterly Report	Jul 31, 2020	PDF, RTF, XLS, ZIP, HTML
8-K	Current report filing	Jul 30, 2020	PDF, RTF, XLS, ZIP, HTML
4	Kondo, Chris	May 12, 2020	PDF, RTF, XLS
8-K	Current report filing	May 11, 2020	PDF, RTF, XLS, ZIP, HTML
424B2	Prospectus filed pursuant to Rule 424(b)(2)	May 05, 2020	PDF, RTF, XLS
FWP	Free Writing Prospectus - Filing under Securities Act Rules 163/433	May 05, 2020	PDF, RTF, XLS
424B2	Prospectus filed pursuant to Rule 424(b)(2)	May 04, 2020	PDF, RTF, XLS
10-Q	Quarterly Report	May 01, 2020	PDF, RTF, XLS, ZIP, HTML
4	Jung, Andrea	Apr 30, 2020	PDF, RTF, XLS

출처: 애플 홈페이지

하지만 매번 회사 홈페이지를 방문해서 서류를 찾아보는 건 번거로운 일이다. 그래서 주식 관련 사이트에서 종목별로 정리해둔 정보를 이용하길 권한다.

예를 들어 시킹알파Seeking Alpha(www.seekingalpha.com) 사이트에서

애플(AAPL)을 검색하면 애플과 관련한 다양한 정보를 한 화면에서 확인할 수 있다. 화면의 메뉴 항목 중 'SEC Filings'를 선택하면 다음과 같이 정리된 자료를 확인할 수 있다.

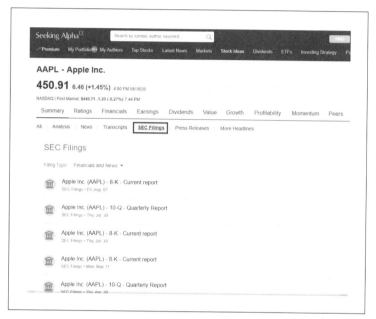

출처: 시킹알파

 불곰의 투자 Tip!
시킹알파와 같이 종목 정보를 한 번에 제공해주는 사이트에서 관심 있는 종목 들을 미리 선정해놓으면, 공시가 될 때마다 종목별 사업보고서 정보를 즉시 확 인할 수 있다.

크롬 브라우저의 문서 번역 기능을 사용하면 번역된 문서를 한 번에 확인할 수 있다. 사업보고서를 PDF 파일로 다운로드한 다음, 크롬의 번역 기능 화면 상단에 있는 '문서' 메뉴를 선택한다. 번역할 언어를 '영어 → 한국어'로 선택한 다음 컴퓨터에 다운로드해 놓은 파일을 선택하면 한글로 번역된 문서를 확인할 수 있다.

지금부터는 테슬라를 예로 사업보고서의 주요 목차들을 살펴보고자 한다. 다음은 테슬라의 2019년 연간 사업보고서(10-K)다. PART I부터 PART IV까지 대분류가 있고, 맨 마지막에 'signatures'가 있다. 그리고 각 파트에는 'Item'이라는 이름으로 번호가 매겨진 항목들이 있다. 이 각각의 항목이 무엇을 의미하는지 알아보자.

TESLA, INC.

ANNUAL REPORT ON FORM 10-K FOR THE YEAR ENDED DECEMBER 31, 2019

INDEX

📊 PART I: 회사의 전반적인 사업 운영을 설명하는 파트

- Item 1. Business: 회사가 운영하는 사업에 대해 설명하는 부분이다. 우리나라 사업보고서의 'I. 사업의 내용'에 포함되는 내용이 기본적으로 설명되어 있다. 추가로 회사가 직면한 경쟁 상황, 보유 기술, 정부의 규제 사항 등 회사의 사업을 이해하는 데 도움이 되는 사항들을 여기서 확인할 수 있다.

테슬라의 2019년 10−K에서 'Item 1. Business' 부분에는 다음과 같은 내용이 담겨 있다.

- 사업부문(Segment Information): 테슬라는 (i) 자동차, (ii) 에너지 발전 및 저장 사업부문을 운영하고 있다.
- 제품과 서비스(Our Products and Services): 자동차 사업부문 제품으로는 Model 3, Model Y, Model S, Model X 그리고 미래 출시 예정인 상용차(Cybertruck, new TESLA Roadster, Tesla Semi)가 있다. 에너지 발전 및 저장 사업부문에서는 에너지 저장 장치(Powerwall, Powerpack, Megapack)와 태양광 에너지 장치(solar Roof)를 제공하고 있다.
- 기술: 자동차 사업부문의 핵심 기술은 배터리와 동력전달계, 차량 통제와 인포테인먼트 소프트웨어 그리고 자율운행이다. 에너지 발전 및 저장 사업부문에서는 자동차 사업부문에서 확보된 기술들을 지속적으로 적용해서 제품과 기술을 개발하고 있다.
- 제품 설계 및 개발: 제품 개발을 위해 필요한 역량을 대부분 회사 내부에 보유하고 있다. 보유하고 있는 역량은 차량 및 소프트웨어 설계와 관련된 부분에 한정되지 않고 차량을 구성하는 물질에 대한 연구개발 역량까지 포함된다.
- 판매 및 마케팅: 차량 판매는 직접 판매 정책을 펼치고, 신규 차

판매 지원을 위해 중고차 판매를 관리하고 있으며, 충전소 설치를 확산시키기 위해 다양한 사업자들과 협력하고 있다.

- 서비스와 보증: 테슬라 차량에 대한 서비스는 테슬라 모바일 서비스 기술 인력들에 의해 원격으로 지원된다. 차량에 대해서는 4년 또는 5만 마일에 대한 제조사 보증이 제공되며, 배터리 등 부속품에 대해서는 제품별로 별도의 보증 프로그램이 제공된다.
- 재무적 지원: 차량에 대한 리스 또는 매수자금에 대한 대출이 제공되며, 미국 캘리포니아주에서는 차량보험도 제공된다.
- 제조: 캘리포니아 베이 에어리어 근처의 공장들, 기가팩토리 네바다, 기가팩토리 뉴욕, 기가팩토리 상하이, 기가팩토리 베를린(예정)에서 차량 및 관련 부품을 제조한다.
- 정부의 지원책 및 규제 사항: 캘리포니아 정부로부터 판매세 감면, 네바다주의 세제 지원(기가팩토리 네바다), 뉴욕주의 리스(기가팩토리 뉴욕), 중국 정부의 리스 및 토지 사용 허가(기가팩토리 상하이)와 같은 정부 지원을 받고 있다. 그리고 온실가스를 배출하지 않는 차량 제조 실적에 따라 정부가 지급하는 판매 가능 탄소배출권을 확보하고 있다. 테슬라는 차량 안전 및 시험, 자율 운전, 차량 제조 및 판매, 배터리 안전 및 시험 관련 규제 사항의 적용을 받는다.
- 경쟁 상황: 자동차 부문은 각 등급/형태별로 전통적인 내연기관 차량과 경쟁한다. 그 외 테슬라가 직면한 다른 차원의 경쟁은 차량 이용자에게 제공할 수 있는 강력한 사용자 경험 부분이다. 테슬라는 자동조정 장치(Autopilot)와 자동주행 기술이 자사의

성공에 가장 중요한 요소라고 믿고 있다. 테슬라의 강력한 자동 주행 기술과 무선으로 업데이트가 가능한 인공지능 소프트웨어 덕분에 테슬라는 경쟁자들을 크게 앞서나가고 있다.

- 지적재산: 테슬라는 자사 제품에 고유한 가치와 독특함을 가져 올 수 있는 혁신적인 접근과 독점적인 설계를 매우 중요하게 여 기며 보호하고 있다.
- 종업원: 2019년 12월 31일 기준으로 4만 8,016명의 정규직 직 원을 채용하고 있다.

- Item 1A. Risk Factors: 회사 경영진은 사업보고서를 이용하는 이해관계자들에게 회사 경영진이 판단하는 회사 경영 관련 위험 요소들을 공개하게 되어 있다. 우리나라에서는 상장할 때 제출 하는 증권신고서에만 포함되어 있는 부분인데, 미국 주식시장에 상장한 회사에서는 매 분기의 보고서에 관련 위험 요소들을 열 거하고 설명해야 한다.

테슬라의 2019년 10-K 중 'Item 1A'

테슬라가 첫 번째로 뽑아놓은 자신들의 위험 요소는 '개발·출시· 생산 일정 지연으로 인해 브랜드, 재무 성과 등에 나쁜 영향을 끼

칠 위험'이다. 사업보고서에 다음과 같이 기록되어 있다.

> "우리는 차량의 설계, 제조, 출시 및 생산량 증대와 관련한 지연
> 또는 목표 제조 원가 달성 실패를 과거에 경험했으며 미래에 겪
> 을지도 모릅니다. 이런 지연 또는 실패는 회사의 브랜드, 사업,
> 전망, 재무 상황 및 운영 결과에 부정적인 영향을 가져올 수 있
> 습니다."

테슬라는 이처럼 위험 사항을 기재하고 해당 위험 요소에 대한 상
세한 설명을 제공하고 있다. 그뿐만이 아니라 공장별로 발생할 수
있는 위험 사항, 제품 보증 프로그램에서 발생할 수 있는 위험 사
항 등이 다양하게 기술되어 있으므로 투자 의사결정을 하기 전에
참고할 수 있는 부분이 많다.

- Item 1B. Unresolved Staff Comments: 과거에 제출한 사업보
  고서와 관련하여 미국증권거래소로부터 소명을 요청받은 사항
  중 사업보고서 제출일 현재 소명이 완료되지 않은 사항이 있는
  경우, 그 사항을 기술하는 부분이다.
- Item 2. Properties: 회사가 보유한 중요 유형자산을 기재하는
  부분이다.

테슬라는 기가팩토리 등 제조시설을 대표 유형자산으로 기재해놓았다.

Primary Manufacturing Facilities	Location	Owned or Leased
Fremont Factory	Fremont, California	Owned
Gigafactory Nevada	Sparks, Nevada	Owned
Gigafactory New York	Buffalo, New York	Leased
Gigafactory Shanghai	Shanghai, China	*

- Item 3. Legal Proceedings: 회사에서 진행되고 있는 중요 소송 사항을 기재하는 부분이다.
- Item 4. Mine Safety Disclosures: 광물 채굴 안전 규정 적용을 받는 회사들이 관련 사항을 기재하는 부분이다.

📈 PART II: 실적 및 재무 관련 사항을 설명하는 파트

- Item 5. Market for Registrant's Common Equity, Related Stockholder Matters and Issuer Purchases of Equity Securities: 회사의 주식 상장 정보, 주주 현황, 자사주 매입 정보, 배당 정책, 비교 지수 대비 주가 상승률 등이 기재되어 있다.

테슬라의 2019년 10-K 중 'Item 5'

테슬라는 'TSLA'라는 티커로 2010년 6월 29일 나스닥에 상장됐다. 공모 가격은 주당 17.00달러였다.

- Item 6. Selected Consolidated Financial Data: 회사의 요약된 연결재무제표 정보를 제공한다.
- Item 7. Management's Discussion and Analysis of Financial Condition and Results of Operations: 전반부는 해당 연도의 주요 경영 실적에 대해 부문별로 자세하게 설명하고 다음 연도의 경영 실적에 대한 예상과 계획을 설명하는 부분이다. 후반부에서는 재무제표를 사용하여 전년도 실적과 비교한 해당 연도 실적을 재무제표 주요 항목별로 설명한다. 투자자가 궁금해하는 항목들에 대한 회사 측의 설명을 쉽게 찾아볼 수 있다. 특정 종목에 투자하기 전 'Item 7'을 읽어보면 큰 도움이 된다. 회사의 경영 상황에 대한 정보 및 경영자의 예측 정보가 기재되어 있기 때문이다.

테슬라는 자동차 사업부문과 관련해서 생산·수요와 판매, 인도와 소비자 인프라에 대한 2020년 전망을 전반부에 제공하고 있다. 생산 관련 기재 사항을 살펴보면 2020년 활동 초점이 '3개 대륙에 건설한 공장의 생산 능력 확보 및 확대'라고 제시되어 있다. 미국 프리몬트 공장에서는 Model 3 생산과 병행하여 Model Y의 생산을 시작했으며, 연간 40만 대 생산 설비를 구축했으나 연간 50만 대 수준으로 증대시킬 예정이다. 기가팩토리 상하이에는 Model 3를 15만 대 생산할 수 있는 설비를 설치했는데, 실제로는 예상보다 많은 수량의 생산이 가능할 것으로 믿고 있다. 그리고 Model 3 생산량과 비슷한 수준의 Model Y 생산이 가능한 설비 확장을 시작했다.

후반부에서는 다음과 같이 전년도 실적과 비교한 운영 결과가 설명돼 있다.

(Dollars in millions)	Year Ended December 31,			2019 vs. 2018 Change		2018 vs. 2017 Change	
	2019	2018	2017	$	%	$	%
Automotive sales	$19,952	$17,632	$8,535	$2,320	13%	$9,097	107%
Automotive leasing	869	883	1,107	-14	-2%	-224	-20%
Total automotive revenues	20,821	18,515	9,642	2,306	12%	8,873	92%
Services and other	2,226	1,391	1,001	835	60%	390	39%
Total automotive & services and other segment revenue	23,047	19,906	10,643	3,141	16%	9,263	87%
Energy generation and storage segment revenue	1,531	1,555	1,116	-24	-2%	439	39%
Total revenues	$24,578	$21,461	$11,759	$3,117	15%	$9,702	83%

예를 들어 테슬라의 2019년 매출액 중 자동차 판매 부분은 2018년 대비 13% 증가한 199.5억 달러다. 자동차 판매 매출액이 증가한 이유는 Model 3의 현금 인도 물량이 13만 7,969대 증가하고 탄소배출권 판매가 1.76억 달러에서 5.94억 달러로 증가했기 때문이다. Model S와 Model X의 현금 인도 물량이 3만 487대 감소하긴 했지만 매출 증가 효과가 감소 효과를 상쇄했다.

매출원가, 판매관리비 등 다른 주요 재무 항목과 관련하여서도 위와 같은 분석이 제공된다.

- Item 7A. Quantitative and Qualitative Disclosures About Market Risk: 환율, 금리 등 시장위험에 대한 양적/질적 공시 정보를 기재하는 부분이다. 우리나라 재무제표 주석의 '위험관리' 기재 사항과 유사한 부분이다.
- Item 8. Financial Statements and Supplementary Data: 연결재무제표 및 주석 사항이 기재되어 있는 부분이다.
- Item 9. Changes in and Disagreements with Accountants on Accounting and Financial Disclosure: 회계 처리 및 재무 수치와 관련하여 감사법인이 사임하여 변경되거나 의견이 불일치하는 경우 기재하는 부분이다.
- Item 9A. Controls and Procedures: 회계 정보 산출을 위한 내부 통제 제도 평가 내용을 기재하는 부분이다.
- Item 9B. Other Information: 기타 사항을 기재하는 부분이다.

📊 PART III: 회사 지배구조와 주주 관련 사항을 설명하는 파트

- Item 10. Directors, Executive Officers and Corporate Governance: 이사, 경영진 및 회사 지배구조에 대해 기술하는 부분이다.
- Item 11. Executive Compensation: 경영진의 보상 계약에 대해 기술하는 부분이다.
- Item 12. Security Ownership of Certain Beneficial Owners and Management and Related Stockholder Matters: 특정 실질 소유자와 경영진 및 관련 주주의 주식 보유 상황을 기재하는 부분이다.
- Item 13. Certain Relationships and Related Transactions, and Director Independence: 회사 임원, 주요 관계사 및 주요 주주(5% 이상 지분)와의 거래 등을 기재하는 부분이다.
- Item 14. Principal Accountant Fees and Services: 회계감사 법인 수수료 및 관련 용역 수행 현황을 기재하는 부분이다.

📊 PART IV: 재무제표 부속 명세서와 기타 요약 사항을 기재하는 파트

- Item 15. Exhibits and Financial Statement Schedules: 재무제표 부속 명세서 및 첨부 리스트
- Item 16. Summary: 기타 요약 사항

> **SEC**(Securities and Exchange Commission, 미국증권거래위원회)

한국의 금융감독원에 해당하는 미국 연방정부의 독립기관이다. 이곳에서는 연방 증권법을 시행하고 미국 증권산업의 모든 활동을 감시·규제하며 투자자들을 보호해 공정한 자본 거래가 이루어질 수 있게 한다. 한국에 투자자들을 위하여 금융감독원이 제공하는 전자공시시스템(DART)이 있듯이 SEC에서도 EDGAR라는 온라인 정보 시스템을 제공한다.

> **FY**(Fiscal Year, 회계연도)

미국 연방정부의 회계연도는 10월 1일부터 시작하여 다음 해 9월 30일에 끝나지만, 기업들은 원하는 회계연도를 자유롭게 선택할 수 있다. 일반적으로 약자를 사용하는데, 예컨대 2020년 2분기 (The second quarter of fiscal year 2020)라면 '2QFY20'이라고 표기한다.

10월 1일에 시작하여 다음 해 9월 30일에 끝나는 기업의 2020년 분기별 기간은 다음과 같다.

- 1QFY20: 2019년 10월 1일~2019년 12월 31일
- 2QFY20: 2020년 1월 1일~2020년 3월 31일
- 3QFY20: 2020년 4월 1일~2020년 6월 30일
- 4QFY20: 2020년 7월 1일~2020년 9월 30일

➤ Form 10-Q(분기보고서)

한국의 경우 1년에 1분기, 2분기, 3분기에 세 번 제출하는 분기보고서라고 생각하면 된다. 미국에서도 한국과 동일하게 매년 3개의 10-Q를 제출하고, 마지막 분기에는 10-K를 SEC에 제출한다. 10-Q는 10-K의 정보와 비슷하지만 재무제표는 감사되지 않는다. 그렇더라도 이 자료를 통해서 지난 분기와 현재 분기, 작년 분기와 올해 분기를 비교할 수 있어 기업의 실적 변동성을 쉽게 확인할 수 있으므로 투자 의사결정에 중요한 역할을 한다.

➤ Form 10-K(연간 사업보고서)

한국의 상장기업이 사업연도별 재무 성과에 대해 최종적으로 제출하는 연간 사업보고서와 같은 양식이다. 이 서류는 회계연도 종료 후 60일 이내에 SEC에 제출해야 한다. Form 10-K에는 회사에서 영위하는 사업에 대한 전반적인 개요와 회사에 영향을 줄 수 있는 모든 위험 요소가 요약 설명된다. 그리고 제일 중요한 회사의 최근 성과를 설명하는 5년간의 재무정보와 그에 대한 경영진의 의견 및 이를 설명해줄 수 있는 손익계산서, 재무상태표 및 현금흐름표를 포함한 독립 감사인의 의견도 있다.

➤ Form 8-K(투자 판단 관련 주요 경영 사항)

한국의 경우 기업에 중요한 변동 사항이 발생하면 투자자들에게 투자 판단 관련 주요 경영 사항이라 하여 공시를 통해 자세한 내용을 알리는데, 이와 동일한 미국의 공시가 Form 8-K다. 중요한 사건은 기업 인수, 파산, 상장폐지, 재정적 의무 발생, 회계사의 변경, 주주 투표 결과, 기업 윤리강령의 변동 등이다.

콘퍼런스콜 이해하기

콘퍼런스콜Conference call은 기업이 분기별 실적을 발표한 후에 CEO, CFO 및 회사의 주요 임원진이 그 실적을 투자자들에게 설명하는 전화회의를 말한다. 다시 말해 분기별 실적 결과에 대하여 투자자들이 수긍할 수 있도록 기업의 좋은 실적에 대해서는 앞으로도 성공적인 경영을 할 것임을 강조하고, 나쁜 실적에 대해서는 투자자들의 불안감을 없애려고 노력하는 분기별 기업설명회라고 생각하면 된다.

미국 주식 투자에서 주가에 가장 큰 영향을 주는 두 가지 이벤트는 실적 발표와 수익 콘퍼런스콜이다. 투자자들은 수익 콘퍼런스콜의 내용을 통하여 매수 또는 매도를 결정하는 경우가 많다. 한국에서는 회사에서 기관투자자만을 상대로 한 기업설명회를 개최하거나, 분기보고서 발표 이후에도 실적 결과에 대한 경영진의 의견을 들을 수 없는 경우가 대부분이다. 이런 부분에서 한국의 개인 투자자들은 불공정한 투자 게임을 하고 있다고 생각할 수 있다.

미국 주식시장은 다르다. 예전에는 한국처럼 기관투자자들에게만 이런 정보를 제공했는데 지금은 온라인을 통하여 개인 투자자들을 포함한 모든 투자자가 같은 시간대에 공정하게 수익 콘퍼런스콜 내용을 접할 수 있다. 개인 투자자도 기관투자자와 같은 조건에서 실적 발표와 수익 콘퍼런스콜 내용을 기반으로 매수와 매도를 판단할 수 있으므로 공정한 투자 게임이 가능하다.

📊 콘퍼런스콜 찾는 방법

실적 발표일 체크

미국 주식에 투자할 때 가치 있는 투자정보를 가장 많이 얻을 수 있는 방법이 바로 수익 콘퍼런스콜이다. 그러므로 관심 종목이 있다면 콘퍼런스콜이 이루어지는 분기별 실적 발표일^{Earnings date}을 사전에 숙지하고 발표 즉시 내용을 확인해야 한다.

다음번 실적 발표 예정일 정보는 대부분의 주식 관련 사이트에서 제공한다. 앞서 살펴본, 야후파이낸스의 종목 정보 내 'Summary' 부분에도 다음번 실적 발표일이 제시되어 있다. Summary 탭의 'Earnings Date' 항목이 바로 그것이다. 다만, 예정일이기 때문에 확정된 실적 발표일이 언제인지는 꼭 확인해야 한다.

출처: 야후파이낸스

실적 발표 확인

수익 콘퍼런스콜의 내용은 일반적으로 회사 홈페이지의 투자자 관련 섹션(News & Investors)에서 확인할 수 있다. 다만 개별 회사의 사이트에서는 수익 콘퍼런스 녹음 파일을 올려놓는 경우가 많으므로 종목과 관련한 뉴스, 공시, 보고서 등을 모아놓은 주식 정보 포털 사이트에서 찾는 것이 더 편리하다.

여기서는 회사 관련 정보가 정리되어 있는 사이트 중 시킹알파에 들어가 보겠다. 마이크로소프트(MSFT)의 2020년 FY 3분기(2020.1.1~2020.3.31) 실적 발표를 살펴보자.

정규장이 끝나고 5분 뒤인 오후 4시 5분, 투자자들이 가장 관심 있어 하는 항목인 '시장 예측치 대비 실적'이라는 제목으로 실적 보도자료가 발표된다.

출처: 시킹알파

시킹알파의 내용을 요약해보면 다음과 같다. 우선 주당 당기순이익GAAP EPS이 시장 예상치를 0.13달러 웃돈 1.40달러를 기록했고, 매출액은 시장 예상치를 13.2억 달러 넘어선 350억 2,000만 달러를 달성했으며 이는 전년도 대비 14.4% 증가한 실적이다. 주가는 정규장 종료 후 거래에서 종가보다 2.2% 상승했다.

회사 보도자료(Press release) 확인

회사 실적의 변동 원인에 대해 회사의 자세한 설명을 확인하기 위해서는 앞의 그림 아래쪽에 있는 'Press Release' 링크를 누르고 회사가 배포한 실적 보도자료 화면으로 넘어가면 된다.

보도자료는 표준화된 구성 항목은 없지만 대체로 '재무 실적 요약, 사업부문별 경영성과 요약, 비회계기준 재무 실적 작성 방법 설명'으로 구성된다. 때로는 향후 실적에 대한 안내Guidance가 포함되기도 한다.

콘퍼런스콜 내용 및 발표 자료 확인

콘퍼런스콜 회의록Transcript은 시킹알파에서 종목을 검색했을 때 나오는 첫 번째 화면의 'Transcripts' 메뉴에서 찾을 수 있다. 실적 보도자료만으로는 부족한 부분을 보완할 수 있다.

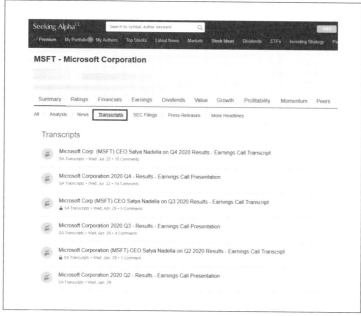

출처: 시킹알파

콘퍼런스콜은 'CEO의 분기 경영 현황 설명 → CFO의 재무 실적 설명 → (필요시) 타 부서장의 현황 설명 → 실적 발표 관련 애널리스트의 질의응답' 순으로 진행된다. 대부분의 회사가 비슷하게 진행하는데 회의를 진행하는 운영자(보통 IR 담당 임원)가 참석한 회사의 임원진을 소개하는 것이 첫 번째 순서다. 그에 앞서 다음의 문장을 먼저 언급하는 경우가 대부분이다.

"시작하기 전에, 오늘 발언들 중에서 현재 정보를 가지고 미래를 예측하는 이야기도 있다는 것을 미리 알려드립니다. 예측이기 때문에 실제 결과는 분기보고서나 사업보고서와 다를 수 있습니다."

콘퍼런스콜에서 언급된 최고경영자들의 예상이 빗나갈 수 있다는 점을 사전에 공지하여 콘퍼런스콜의 내용으로 인한 투자자들의 법정 소송과 같은 문제의 소지를 없애려는 차원이다.

콘퍼런스콜은 간단하게 1부와 2부로 나눌 수 있다. 1부에서는 회사의 CEO와 CFO 등 최고경영자들이 돌아가면서 발표된 회사의 분기별 실적을 바탕으로 자신의 분야를 설명한다.

예를 들어 CEO^Chief Executive Officer는 회사의 전반적인 성장 전략과 실적 변동의 구체적인 내용과 원인 그리고 향후 회사의 비전 등을 언급한다. CFO^Chief Financial Officer는 구체적인 재무적 내용인 분기순이익 변동 내용, 희석된 주당순이익, 투자 관련 자본의 지출, 자사주 매입 등과 같은 내용을 발표한다. 그리고 신제품 발표와 관련된 내용은 CPO^Chief Product Officer가 발표한다.

2부에서는 콘퍼런스콜에 참석한 주요 기관투자자 또는 중요 투자자들을 중심으로 한 Q&A(질의응답)가 진행된다. 질문자 대부분은 기관투자자의 애널리스트들로, 발표된 내용 중 불분명하거나 다시 확인하고 싶은 부분을 경영진에게 직접 묻는다. 우리나라처럼 리허설을 하거나 사전에 질문지를 전달하고 진행하는 것이 아니기 때문에 경영진은 긴장 속에 임한다. 질문 내용 중에는 분기별 수익 관련 내용 이외에도 회사에서 진행하는 이벤트나 프로모션과 관련된 세부적인 내용 등이 있고, 실패한 프로젝트로부터 배운 점이 무엇인지 CEO의 의견을 묻기도 한다.

실적 발표에서 쓰이는 주요 용어

> **FY(Fiscal Year): 회계기준 연도**

우리나라에서는 대부분 기업이 사업연도를 1월 1일에서 12월 31일까지로 잡는다. 이런 경우에는 달력 기준 날짜(Calendar Year)와 회계기준 날짜가 일치하게 된다. 그런데 미국의 기업들은 사업연도를 시작하는 날짜가 서로 다르다. 예를 들어 월트디즈니(DIS)는 10월 1일에서 다음 해 9월 30일까지가 회계연도다. 그래서 FY 2019 4분기는 '2019.10.1~2019.12.31'이 아니라 '2019.7.1~2019.9.30'을 의미한다.

> **GAAP(Generally Accepted Accounting Principle): (일반적으로 인정된) 회계기준**

> **Non-GAAP: 회계기준이 적용되지 않은 비회계기준**

회계기준에 의한 재무제표 작성을 위해 필요한 정보 중 회사의 일상적인 영업활동을 파악하는 데 도움이 되지 않는 일회성 비용 또는 현금이 지출되지 않는 비용 정보 등을 제외하고 회사가 작성하는 방식을 의미한다. 미국 회사의 재무제표 및 실적 발표에서는 Non-GAAP 기준으로 측정된 매출액(Revenue)과 주당순이익(EPS)을 별도로 제시한다.

- Market Consensus: 시장 예측치

- Beat: 시장 예상치를 상회하다.

- Surprise: 시장 예상치를 상회한 경우

- Miss: 시장 예상치를 하회하다.

- Shock: 시장 예상치를 하회한 경우

- Top line: 매출액(손익계산서 제일 상단)

- Bottom line: 당기순이익(손익계산서 제일 하단)

- Midteen: 미국 경영자들이 실적 발표 때 책정하는 목표 성장률이 대체로 10%대 중반인데, 이 정도의 성장률을 말할 때 사용하는 표현이다.

- ASP(Average selling price): 평균 판매 가격

- Solid result: 견고한 실적

- Color: 정보

   Q&A 시간에 참석한 애널리스트들이 "Can you give me some more color on that?"라는 질문을 많이 던진다. "그 부분과 관련해서 추가적인 세부 사항을 좀 더 알려주실 수 있나요?"라는 뜻이다.

- Forward looking: 향후 실적에 대한 예상치

- Punch line: 중요 부분

📊 콘퍼런스콜 이해하기: 마이크로소프트 2020년 FY 3분기를 예로

회사 참가자

- Michael Spencer(General Manager, IR)
- Satya Nadella(CEO & Director)
- Amy Hood(EVP & CFO)

(기관)주주 참가자

- Keith Weiss(Morgan Stanley)
- Mark Moerdler(Sanford C. Bernstein & Co.)
- Heather Bellini(Goldman Sachs Group)
- Mark Murphy(JP Morgan Chase & Co.)
- Brent Thill(Jefferies)
- Philip Winslow(Wells Fargo Securities)
- Raimo Lenschow(Barclays Bank)
- Aleksandr Zukin(RBC Capital Markets)

콘퍼런스콜 발언 요약

- Michael Spencer(General Manager, IR)
  - 마이크로소프트 회계연도 2020년 3분기 콘퍼런스콜에 오신 것을 환영한다.
  - 이 콘퍼런스콜은 녹음된다.
  - 우리 사이트에서 자료와 언론 보도 내용을 확인할 수 있다.

- 예측이 포함되어 있으며, 예측은 틀릴 수 있다.

- Satya Nadella(CEO & Director)
  - 코로나19 때문에 2년 걸릴 디지털 변화가 두 달 만에 이뤄졌다.
  - 고객들이 계속 사업을 이어갈 수 있도록 도와주고 있다.
  - 우리가 생활하고 일하는 방식에 대한 변화의 수요가 급증하고 체계적 구조 변화가 이뤄지고 있다. 클라우드 전반에 걸친 다양한 포트폴리오, 내구성이 뛰어난 비즈니스 모델, 차별화된 기술을 구축하여 미래를 대비할 것이다.
  - 원격 작업 환경, 마이크로소프트 365^{Microsoft 365}, 팀즈^{Teams}를 혁신 중이다.
  - 고객은 보안과 개인 정보 보호 기반 위에 구축된 커뮤니케이션, 협업 및 비즈니스 프로세스를 통합하는 포괄적인 솔루션을 필요로 하며, 우리는 이런 솔루션을 가지고 있다.
  - 이번 달 우리 프로그램을 통해서 회의에 참석한 사람이 2억 명(41억 분 소요)이고, 팀즈 일일 사용자가 7,500만 명에 달한다. 비즈니스 앱을 사용하는 단체는 2개월 동안 3배 증가했다.
  - 헬스케어 분야에서는 한 달 동안 3,400만 명이 팀즈를 통해서 회의를 진행했다.
  - 팀즈, 원노트^{OneNote}, 플립그리드^{Flipgrid}는 선생님들에게 좋은 솔루션이다. 18만 3,000개 교육기관이 팀즈에 의존하고 있다. UAE(아랍 에미리트)에서는 35만 명의 학생이 팀즈를 사용한다. 이탈리아 볼로냐대학교는 팀즈를 사용해 3일 만에 강의의 90%를 온라인으로 옮겼다.

- 콘티넨탈 AG^{Continental AG}, 언스트앤영^{Ernst & Young}, 화이자^{Pfizer}, 샙 ^{SAP}을 포함한 20개 기관(직원 10만 명)이 팀즈를 사용한다. 액센 츄어^{Accenture}는 지난주 기관으로는 처음으로 50만 명을 넘었다. NFL과도 파트너십을 강화하고 있다.

- 오피스 365^{Office 365} 유료회원이 2억 5,800만 명이다. 이번 분기 윈도 버추얼 데스크톱^{Windows Virtual Desktop} 사용자가 3배 증가했다. 인터퍼블릭 그룹^{Interpublic Group}, 코카콜라, 보다폰^{Vodafone} 등 세계 일류 그룹들도 마이크로소프트 365를 사용한다. 마스타카드 ^{Mastercard}, 오토데스크^{Autodesk}, AARP, 코카콜라도 마이크로소프 트 365를 사용할 뿐만 아니라 애저^{Azure}도 사용 중이다.

- 마이크로소프트 365는 더 많은 개인과 가족들이 사용할 것이 다. 현재 가입자 수가 3,900만 명이다. 팀즈도 개인들이 더 많 이 사용할 것이다.

- 윈도 10^{Windows 10}은 10억 개 이상의 기기에서 사용되고 있다 (30% year-over-year).

- 보안은 모든 단체에 중요한 문제다. 이번 분기에 우리는 고객 의 데이터를 보호하기 위해서 새로운 기능을 도입했다. 마이 크로소프트 디펜서 ATP^{Microsoft Defender ATP}는 리눅스^{Linux}, 윈도, 맥 OS^{macOS}, iOS, 안드로이드^{Android} 모두에 적용할 수 있다. 세계 최대 헤지펀드 브리지워터 어소시에이츠^{Bridgewater Associates}는 마 이크로소프트 365에 있는 보호 서비스를 사용 중이며, 소매 기업 ASOS는 애저 센티널^{Azure Sentinel}을 사용하고 있다.

- 개발자들이 깃허브^{GitHub}, 버추얼 스튜디오 코드^{Visual Studio Code}를 많이 사용하고 있다(깃허브는 5,000만 명). 개발자들이 코로나19

추적에 힘쓰고 있다.

- 파워 플랫폼Power Platform은 340만 명의 시민 개발자들이 사용 중
  이다. 엑셀Excel을 사용할 수 있으면 앱을 만들 수 있다. 시애틀
  에서 가장 큰 비영리 보건 서비스 단체인 스웨디시 헬스 서비
  스Swedish Health Services는 파워앱Power Apps을 사용해서 주요 물자를
  추적한다. 수천 개의 기관이 마이크로소프트 팀즈와 파워앱을
  통해 정보를 공유한다.

- 전 세계 정부들이 파워 BIPower BI로 코로나19 정보를 국민과 공
  유한다. GSK, 코카콜라, 토요타 등이 파워 플랫폼을 사용해서
  자동화하고 있다.

- 다이내믹스 365Dynamics 365: 수천 개 기관의 디지털 변화에 도움
  을 주고 있다.

- 링크드인LinkedIn: 세계 취업 시장이 변하고 있다. 링크드인은 새
  로운 기술을 배우고 새로운 기회를 찾는 곳으로, 6억 9,000만
  명의 전문가들이 활용 중이다. 3월에 링크드인 러닝LinkedIn Learning
  은 400만 시간의 시청 시간(50% 증가 month-over-month)을 기록
  했으며, 링크드인 라이브LinkedIn Live로 생중계도 가능하다. 스트
  리밍은 2월부터 158% 증가했다.

- 게임: 게임은 인간관계 중 하나가 됐으며, 사회적 거리 두기 환
  경에도 제약을 받지 않는다. 이번 분기에 엑스박스 라이브Xbox
  Live 가입자 1,900만 명, 게임 패스Game Pass 가입자 1,000만 명을
  돌파했다. 프로젝트 엑스클라우드Project xCloud는 7개 국가에서
  사람들이 시연했고 곧 8개 국가가 추가된다.

- 애저: 많은 단체가 애저에 의존하고 있다. 우리는 어떤 클라우

드 제공자들보다 데이터 센터 지역이 많다. 멕시코, 스페인에도 신규 센터를 개설했다. 애저 엣지 존Azure Edge Zones은 5G에서 직접적으로 연결된다. 블랙록BlackRock, 코카콜라, 제네시스Genesys도 애저를 선택했으며, NBA도 애저를 사용한다.

- 헬스케어 분야에서 AI를 사용해 코로나19에 맞서고 있다. 의료 쪽에서는 헬스케어봇Healthcare Bot을 통해서 1,400봇을 만들었다. 이로써 2,700만 명이 중요한 의료 정보에 접근할 수 있게 됐다. 질병관리본부에서도 헬스케어봇을 사용하고 있으며, 사람들이 직접 코로나19 증상을 알아볼 수 있다.

• Amy Hood(EVP & CFO)
  - 매출 350억 달러. 15% 성장
  - 영업이익 13억 달러. 25% 성장
  - 당기순이익 108억 달러. 22% 성장
  - 희석주당순이익 1.40달러. 23% 성장
  - 이번 분기에는 코로나19 영향으로 우리 예상보다 빨리 중국 공급망이 재가동됐다. 집에서 일하고, 놀고, 배우는 수요가 증가해 윈도 OEM, 서피스Surface, 오피스 컨슈머Office Consumer, 게이밍Gaming에 유리하다. 반면 광고, 서치Search, 링크드인 비즈니스에는 안 좋아 두 분야에 미치는 영향력이 상쇄되고 있다. 애저, 윈도 버추얼 데스크톱, 파워 플랫폼, 팀즈, 보안 사용은 증가했으며, 중소형 업체 거래는 줄었다. 링크드인 계약 건수는 줄었는데, 취업 시장이 침체기여서 그렇다.
  - 상업 예약 7% 성장

- 상업용 클라우드 매출 133억 달러, 39% 성장
- 회사 총마진율은 69%, 영업비용 10% 성장
- 프로덕티비티 & 비즈니스 프로세스Productivity & Business Processes 매출 117억 달러, 15% 증가
    a. 오피스 커머셜Office Commercial 제품 & 클라우드 서비스 매출 13% 증가, 오피스 365 매출 25% 증가
    b. 오피스 컨슈머 제품 & 클라우드 서비스 매출 15% 증가, 오피스 365 컨슈머 가입자 3,960만 명
    c. 링크드인 매출 21% 증가
    d. 다이내믹스 제품 & 클라우드 서비스 17% 증가
    e. 부문 총이익 16% 증가, 영업비용 12% 증가, 영업이익 20% 증가
- 인텔리전트 클라우드Intelligent Cloud 매출 123억 달러 27% 증가
    a. 서버 제품 & 클라우드 서비스 매출 30% 증가, 애저 매출 59% 증가
    b. 엔터프라이즈 서비스Enterprise Services 매출 6% 증가
- 모어 퍼스널 컴퓨팅More Personal Computing 매출 110억 달러 3% 성장
    a. 윈도 OEM 변화 거의 없음
    b. 윈도 커머셜 제품 & 클라우드 서비스 매출 17% 성장
    c. 검색 광고 매출 1% 성장
    d. 엑스박스 콘텐츠 & 서비스 매출 2% 성장
    e. 서피스 매출 1% 성장
- 현금흐름 175억 달러
- 실효세율 약 16%

회사의 예상

- 코로나19의 영향은 4분기에도 지속될 것이다. 따라서 좋은 영향을 받는 쪽은 계속 좋고 나쁜 영향을 받는 쪽은 계속 안 좋을 것으로 예상한다.
- 프로덕티비티 & 비즈니스 프로세스 매출 116억 5,000만 달러~119억 5,000만 달러를 예상한다. 그중 80%는 기존 계약 및 계약 갱신에서 나올 것이다.
- 오피스 커머셜의 성장은 오피스 365를 통해서 나올 것이다.
- 오피스 컨슈머: 한 자릿수 매출 성장 예상
- 다이내믹스: 두 자릿수 초반 매출 성장 예상
- 인텔리전트 클라우드: 매출 129억 달러~131억 5,000만 달러를 예상한다. 그중 80%는 애저의 기존 계약, 계약 갱신에서 나올 것이다.
- 퍼스널 컴퓨팅 매출 113억~117억 달러를 예상한다. 그중 약 75%가 OEM, 서피스, 서치, 게이밍에서 나올 것으로 본다(서피스 10대 초반의 매출 증가, 서치는 3월처럼 20% 정도 하락, 게임 10대 초반 증가 예상).
- 판매원가COGS 115억 5,000만 달러~117억 5,000만 달러, 운영비 118~119억 달러 예상
- 4분기 실효세율 18%
- 장기적으로 계속 성장할 것

Q&A

• Keith Weiss(모건스탠리)

Q 어려운 시기에 인상적인 실적이다. 어려운 시기를 고객들이 잘 이겨낼 수 있도록 도와주는 것 같다. 고객들을 다방면으로 도와주고 있는데, 고객과의 관계에서는 얼마나 도움이 되고 매출에서는 얼마나 도움이 되는가?

A 고객들이 힘든 시기이므로 수익을 기대하고 도와주는 것이 아니라 실제로 도움이 되기를 바람으로써 도와준다. 물론 고객이 잘돼야 우리도 잘될 수 있다. 이 과정은 3단계로 이뤄진다.

1단계에서는 공간적인 자유로움이 필요하다. 그래서 팀즈 같은 서비스가 잘되는 것이며, 보안과 데스크톱의 이동성이 중요하다. 2단계는 회복으로 경제활동이 돌아오는 단계다. 하지만 그렇다고 해서 공간적인 자유로움에 대한 수요가 없어지는 건 아니다. 왜냐하면 실용성이 있기 때문이다. 어떤 이들은 사무실로 돌아오겠지만, 어떤 이들은 원격 근무도 병행할 것이다.

3단계는 구조 변화다. 이 변화 이후에는 다시 예전으로 돌아가지 않는다. 원격진료를 예로 들 수 있다(즉 AI의 발달로 원격진료가 생겨난 후에는 의사도 있지만 원격진료도 사라지지 않고 계속 존재한다).

이런 과정에서 고객들과 관계를 더 깊게 만들어야 장기적으로 유리하다. 오피스 365 고객이 마이크로소프트 365 고객이 된다. 우리는 지속적으로 가치를 높여서 고객들을 장기 고객으로 만들어야 한다.

• Mark Moerdler(번스타인리서치)

Q 공급망은 문제가 없는가? 애저, 엑스박스 라이브, 팀즈에 차질
은 없었는가? 갑작스럽게 재택근무가 증가했는데, 용량에 문제
는 없었는지 궁금하다. 얼마나 빨리 추가할 수 있었는가?

A 재택근무와 원격근무로 팀즈, 버추얼 데스크톱 사용이 많이 늘
었다. 우리 데이터 센터에서 많이 투자하고 있다. 39억 달러를
투자했는데 서버나 데이터 쪽에 더 투자해야 한다고 생각한다.

• Heather Bellini(골드만삭스)

Q 애저와 오피스 365의 성장세는 어떤가? 특히 애저는 코로나19
때문에 어떤 변화가 있었는가? 그리고 앞으로 3년 동안 클라우
드는 어떤 변화를 가져올 것으로 보는가?

A 대중이 클라우드로 가고 있는 건 확실하다. 어떤 사업이든 생각
해보면, 경제 사이클에서 안 좋은 상황에 있더라도 더 효율적인
것을 추구한다. 클라우드로의 전환은 필연적이다.

• Brent Thill(제프리스)

Q 팀즈의 다음 단계는 무엇인가?

A 수업, 회의, 채팅, 비즈니스 프로세스 등에서 팀즈를 더 많이 사용
할 것이다. 팀즈가 잘되면 마이크로소프트 365 전체가 잘된다.

• Philip Winslow(웰스파고)

Q 깃허브, 버추얼 스튜디오, 버추얼 스튜디오 코드, dev ops(development
operation, 개발 운영), dev server(development server, 개발 서버), 애저

아크$^{Azure Arc}$에 대해서 궁금하다. dev ops는 어떤 라이프 사이클을 가지고 있는가? 코로나19 때문에 클라우드로 디지털 전환이 이루어진다면 CI/CD 파이프라인 제품들은 애저에 단기적으로 그리고 장기적으로 어떤 영향을 줄까?

A 깃허브는 개발자들의 도구이자 개발자 서비스 비즈니스다. 마이크로소프트는 처음에 개발자 도구로 만들어진 회사다. 개발자들이 원하는 것을 만들어야 한다. 최고의 CI/CD와 dev ops, 개발자들이 선택할 프로그램을 만들어야 한다.

• Raimo Lenschow(바클레이즈)
Q 다이내믹스에 대해 궁금한 게 많다. 마이크로소프트의 큰 부분은 아니지만, 성장성이 있다고 본다. 그런데 현재와 같은 상황에선 다이내믹스의 불확실성이 높을 것 같은데, 어떻게 생각하는가?

A 예를 들어 비대면 쇼핑을 할 때 다이내믹스가 큰 도움을 줄 수 있다. 다이내믹스 365 같은 비즈니스 애플리케이션을 활용하면 어떤 프로젝트가 바로 진행될 수 있다. 경제활동은 이런 방식으로 재개될 수 있다. 파워 플랫폼이나 다이내믹스를 통해서 누구나 쉽게 사업을 시작할 수 있다.

• Mark Murphy(JP모건)
Q 지금 이 사태가 애저에 좋은가, 나쁜가? 클라우드를 더 많이 쓰겠지만, 경제가 안 좋아지면 기업들이 IT 비용을 줄일 것 같은데, 어떻게 생각하는가?

A 2년 후에 클라우드를 더 많이 사용할지, 더 적게 사용할지에 대한 답은 '더 많이 사용한다'이다. 왜냐하면 더 효율적인 방법이기 때문이다.

이런 상황에서 우리는 비즈니스의 지속성을 유지해야 하고, 디지털화를 위한 요구에 맞춰야 한다. 현재처럼 세계 GDP도 큰 영향을 받는 사태에 마이크로소프트가 영향을 안 받는 것은 아니지만, 어떤 경제활동이 있다면 디지털화는 증가할 것이다.

• Aleksandr Zukin(RBC캐피털마켓)

Q 코로나19로 인해서 사람들이 팀즈, 오피스를 사용하는 양상이 어떻게 바뀌었는가? 코로나19 이전과 비교하면 어떤가? 또 경쟁 상황은 어떤가?

A 팀즈 사용이 늘었다. 재택근무와 원격근무로 보안도 중요시되는데 팀즈는 보안이 좋기 때문이다. 애저, 다이내믹스 365, 마이크로소프트 365, 엑스클라우드를 각각 따로 생각하는 경향이 있는데 결국에는 애저로 다 통합된다. 예를 들어 코카콜라는 세 클라우드를 다 쓰면서 제품도 다 쓴다. 온라인상에서 우리 제품을 사용하는 경우가 늘고 있다.

실적 발표일 주의 사항: 주가 변동성이 크다

미국 주식시장에 상장된 종목들에 대해서는 해당 종목을 분석하는 애널리스트들의 실적 예측치 전망이 수시로 업데이트되고, 이는 주가에 즉시 반영된다. 그래서 미국 상장사들은 분기 실적을 발표할 때 '집계된 실적 예측치를 얼마만큼 상회(하회)했다'라고 얘기한다. 당연히 주가도 예측치를 상회했느냐, 하회했느냐에 따라 민감하게 반응한다. 다만 예측치를 상회(하회)했다고 해서 반드시 주가가 상승(하락)하지는 않으며, 실적 발표일 및 다음 날의 주가는 변동성이 특히 심하다.

발표된 실적과 상반된 주가 움직임을 보였던 종목들의 예를 소개하겠다.

📈 사례 1: 아마존(AMZN)

아마존은 2019년 10월 24일 정규장이 종료되고 1분 뒤 실적을 발표했는데, 시장 예상치를 하회하는 실적이었다. 장 종료 2분 뒤에는 주가가 5% 하락했다는 기사가 나왔다. 주당 분기순이익은 시장 예상치를 0.26달러 하회한 4.23달러였으며, 매출액은 전년도 대비 23.69% 증가한 699.8억 달러로 이는 시장 예상치를 15.6억 달러 상회한 실적이었다.

이날 시킹알파의 아마존 종목 게시판에서는 치열한 논쟁이 벌어졌다. "매출 성장이 당기순이익 최적화보다 좋다. 보유한 주식을 판 사람들은 조만간 이해하게 될 것이다"라며 해당 분기 실적 때문에 주가가 큰 영향을 받진 않을 것이라고 말하는 사람들과 "광범위하게 고평가된 주가를 가진 회사가 약한 실적을 올렸다. 거품을 피해야 한다"라며 주가가 하락할 거라고 주장하는 사람들이 팽팽히 맞섰다.

매출은 24% 증가한 700억 달러로 시장 예상치 688억 달러를 소폭 웃돌았는데 '무료 하루 배송' 덕분인 것으로 해석됐다. 그러나 영업비용이 많이 늘어나 3분기 영업비용은 26% 가파르게 증가했고 배송비도 46% 급증한 96억 달러였다. 그 영향으로 24일 종가는 1,780.78달러를 기록했다.

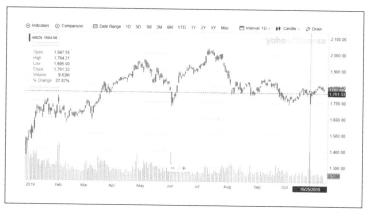

출처: 야후파이낸스

이튿날인 25일에는 4.7% 하락한 1,697.55달러에서 거래를 시작했다. 그러나 정규장을 마칠 즈음 주가는 하락 폭을 거의 만회하는 움직임을 보였다.

- 2019년 10월 24일 종가: 1,780.78
- 2019년 10월 25일 시초가: 1,697.55(-4.7%), 종가: 1,761.33(-1.1%)

출처: 야후파이낸스

📈 사례 2: 아리스타네트웍스(ANET)

아리스타네트웍스는 전 세계에 클라우드 네트워킹 솔루션을 공급하는 시가총액 160억 달러의 회사다. 우리나라의 SK텔레콤, 카카오 등도 아리스타네트웍스의 솔루션을 사용하고 있다.

2019년 8월 1일 정규장이 종료되고 5분 뒤 실적 발표가 있었는데, 시장 예상치를 뛰어넘는 실적이었다. 장 종료 15분 뒤에는 7.2%까지 급등했다는 기사가 나왔다. 주당 분기순이익은 시장 예상치를 0.24달러 상회한 2.44달러였으며, 매출액은 전년도 대비 17.02% 증가한 608.32백만 달러로 이는 시장 예상치를 1.54백만 달러 상회한 실적이었다.

출처: 시킹알파

아리스타네트웍스 역시 시킹알파 종목 게시판에서 갑론을박이 벌어졌다. 장 종료 후 25분이 지난 시점에 "월가의 비관적인 예측에도 불구하고 훌륭한 실적을 달성한 분기다. 경쟁사인 시스코^{CSCO}로부터 시장점유율을 빼앗아 왔으니 400달러 가즈아!" 같은 글도 있었다. 그런데 이내 주가가 급락하면서 "기사처럼 7% 상승이 아니라 1달러 하락인데 도대체 무슨 일이야" 같은 댓글이 달렸다.

주가가 이런 변동성을 보인 이유는 오후 4시 30분부터 시작된 실적설명회 도중 '주요 고객들이 내년 주문을 줄일 것으로 예상된다'는 경영진의 발언이 있었기 때문이다.

"이제 3분기 및 향후 실적에 대한 우리의 예상을 말씀드리겠습니다. 예상했던 것처럼 2분기에는 우리 클라우드 고객들의 수요가 일부 줄어드는 것을 경험했습니다. 9월에는 이들 고객으로부터 수요 개선의 징후가 있었지만, 작년에 비해 후반기 성장이 어느 정도는 정체 상태를 지속할 것으로 생각합니다."

그 발언이 나옴과 동시에 장후 거래 가격이 급락하고 다음 날 정규장 거래도 급락한 채로 시작하게 됐다.

출처: 야후파이낸스

긍정적인 실적 발표에도 급락한 장후 종가를 보고 게시판에서는 난리가 났다. 아마존 주가와는 다르게 아리스타네트웍스는 6.4% 하락한 시초가로 시작해서 정규장도 전날보다 10.3% 하락한 채로 마감됐다.

- 2019년 8월 1일 종가: 272.22
- 2019년 8월 2일 시초가: 254.75(-6.4%), 종가: 244.12(-10.3%)

미국 주식시장에 상장된 종목들의 실적 예측치에 대한 정보는 다양하게 접할 수 있다. 우리나라보다 많은 숫자의 애널리스트들이 실적 예측치를 제공하고 관련 정보를 지속적으로 업데이트하기 때문이다. 좋은 실적을 달성했느냐 하는 점도 중요하지만, 실제 실적치가 시장 예측치를 얼마나 웃돌았느냐가 더 큰 영향을 준다. 왜냐하면 실적치가 발표되기 이전까지 애널리스트들이 내놓은 예측치는 주가에 어떤 형태로든 반영되어 있기 때문이다.

불곰의 투자 Tip!
실제 실적이 시장 예측치를 크게 웃돌 때는 '어닝 서프라이즈(Earning Surprise)'라고 하고, 반대의 경우를 '어닝 쇼크(Earning Shock)'라고 한다.

추천 종목
선정 기준
04

불곰의 미국 주식 선정 키워드: 성장성, 혁신성

불곰주식연구소에서는 2019년부터 미국 주식에 투자한다면 관심을 가져야 하는 아홉 종목을 선정하여 발표했다. 종목 선정의 키워드는 '성장성'과 '혁신성'이다. 한마디로, '혁신성을 바탕으로 지속 성장하는 기업'이라고 할 수 있다.

한국 주식에 투자할 때는 PER가 상당히 중요한 기준이었고, 성장하는 우량 기업 중에 PER가 10 이하인 저평가 종목을 매수하는 것이 목표였다. 하지만 미국 기업에 투자할 때는 저PER 개념이 크게 의미가 없다. 앞서도 밝혔듯이 미국 주식시장은 세계에서 가장 선진화된 곳으로, 혁신적인 기업들이 많이 상장되어 있다. 이런 기업들은 지속해서 성장할 거라는 기대감으로 매수세가 몰리고, 따라서 주가가 지속 상승하기에 PER가 높을 수밖에 없다. 중요한 것은 현재의 PER가 어느 수준이냐가 아니라 기업이 지속적으로 이익을 낼 수 있느냐다.

불곰은 기업이 지속적으로 이익을 내는 데 핵심이 되는 요소가 성장성과 혁신성이라고 생각했다. 실제로 불곰이 선정한 아홉 종목은 세상을 바꾸는 혁신성으로 투자자들을 열광케 했고, 지속적으로 폭발적인 성장을 하면서 그에 상응하는 주가 상승으로 보답했다.

성장성과 혁신성 검증

2부에서 불곰이 선정한 아홉 종목을 소개할 텐데, 그중 다섯 종목을 예로 기준을 어떻게 적용하는지 설명하겠다. 먼저 성장성은 연도별 매출액과 영업이익의 변화를 통해 검증하고, 혁신성은 기존의 경쟁 기업들과 차별화되는 비즈니스 모델을 갖췄는가로 확인한다. 이 두 가지 요소가 어떻게 주가 상승을 이끌었는지 확인할 수 있을 것이다.

📈 룰루레몬(LULU)

연도별 매출액·영업이익·총자산과 주가 변화

| | | | | (결산일: 1월 30일) |
연도	매출액 (백만 달러)	영업이익 (백만 달러)	총자산 (백만 달러)	주가 (달러)
2017	2,344	421	1,657	66
2018	2,649	494	1,998	78
2019	3,288	705	2,084	146
2020	3,979	889	3,281	239
2020.8.13				345

- 성장성: 룰루레몬은 2007년 상장하여 14달러에 처음 거래가 시작된 후 매년 지속적으로 성장했고, 2020년 8월 13일 기준 2,464%의 주가 상승을 보였다. 2019년과 2020년에는 성장에 가속도가 붙어 주가도 매년 평균 70% 이상 상승했다.
- 혁신성: '요가복의 샤넬'이라는 명품 브랜드를 만드는 과정에서 기존의 브랜드들처럼 단순히 매장 수만 늘리는 전략으로 매출을 키우는 것이 아니라, 매장에 커뮤니티 허브의 역할을 부여해 사람들이 머무는 문화 공간으로 만들었다. 이렇게 충성도 높은 회원들을 기반으로 10년 만에 3,000억 원의 매출을 3조 원 이상으로 끌어올린 혁신 기업이 되었다.

📊 어도비(ADBE)

연도별 매출액·영업이익·총자산과 주가 변화

(결산일: 11월 28일)

연도	매출액 (백만 달러)	영업이익 (백만 달러)	총자산 (백만 달러)	주가 (달러)
2016	5,854	1,492	12,707	99
2017	7,301	2,168	14,535	179
2018	9,030	2,840	18,768	250
2019	11,171	3,268	20,762	309
2020.8.13				445

- 성장성: 1986년 0.219달러에 상장하여 34년 동안 지속적으로 성장했고, 2020년 8월 13일 기준 203,196%의 주가 상승을 보였다. 최근 4년 동안도 지속 성장하여 주가가 4배 이상 상승했다.

- 혁신성: 어도비는 포토샵, 프리미어, 아크로뱃(PDF)처럼 대체가 불가능한 독점적이고 혁신적인 소프트웨어를 보유한 기업이다. 2013년부터는 라이선스 판매 모델에서 월정액제인 구독 모델로 변경하여 매출을 크게 늘렸다. 이 분야에서는 더 이상의 혁신 기업은 기대하기 어려운 상황이다.

⚒ 써모피셔사이언티픽(TMO)

연도별 매출액·영업이익·총자산과 주가 변화

<table>
<tr><td colspan="5" align="right">(결산일: 12월 30일)</td></tr>
<tr><td>연도</td><td>매출액
(백만 달러)</td><td>영업이익
(백만 달러)</td><td>총자산
(백만 달러)</td><td>주가
(달러)</td></tr>
<tr><td>2016</td><td>18,274</td><td>2,638</td><td>45,907</td><td>141</td></tr>
<tr><td>2017</td><td>20,918</td><td>3,065</td><td>56,559</td><td>189</td></tr>
<tr><td>2018</td><td>24,358</td><td>3,833</td><td>56,232</td><td>222</td></tr>
<tr><td>2019</td><td>25,542</td><td>4,181</td><td>58,381</td><td>322</td></tr>
<tr><td>2020.8.13</td><td></td><td></td><td></td><td>416</td></tr>
</table>

- 성장성: 1980년 2.063달러에 상장하여 40년 동안 지속적으로 성장했고, 2020년 8월 13일 기준 20,164%의 주가 상승을 보였다. 최근 4년 동안도 지속 성장하여 주가가 3배 정도 상승했다.
- 혁신성: 과학기기, 의료, 제약, 생명과학 분야 실험실 장비와 관련하여 70개가 넘는 세계 유망 기업들을 지속적으로 인수했다. 이로써 기술, 인력, 수익성 측면에서 독보적인 글로벌 기업으로 성장하는 발판을 만들었다.

📊 엔비디아(NVDA)

연도별 매출액·영업이익·총자산과 주가 변화

(결산일: 1월 30일)

연도	매출액 (백만 달러)	영업이익 (백만 달러)	총자산 (백만 달러)	주가 (달러)
2016	6,910	1,937	9,841	114
2017	9,714	3,210	11,241	233
2018	11,716	3,804	13,282	144
2019	10,918	2,846	17,315	236
2020.8.13				457

- 성장성: 엔비디아는 오랜 기간 경쟁을 통해 시장을 통합해왔다. 1999년 1.641달러에 상장했으며, 2016년부터 급성장을 시작하여 2020년 8월 13일 기준 27,848%의 주가 상승을 보였다. 미국 주식은 실적이 가장 중요하다는 것을 보여주듯이 2019년 과잉 재고로 인한 실적 악화가 주가에 반영되어 38%(233달러 → 144달러) 정도의 하락이 있었다. 이후 실적을 회복하면서 2020년 8월 현재 사상 최고가를 형성하고 있다.

- 혁신성: 1999년 '지포스GeForce'라는 이름으로 혁신적인 GPU Graphics Processing Unit(그래픽처리장치) 제품을 출시했다. 그때까지 그래픽 카드의 역할은 CPUCentral Processing Unit(중앙처리장치)의 연산 결과를 그림으로 화면에 출력하는 단순 변환장치에 머물러 있었다. 그런데 지포스가 CPU의 도움 없이 단독으로 그래픽을 구현할 수 있게 함으로써 그래픽카드의 개념을 바꾸어놓았다. 현재 엔비디아

의 GPU는 인공지능^AI, 딥러닝, 생명과학, 자율주행 자동차 등의 미래 기술과 게임 산업 등 비주얼이 구현되는 곳에 가장 필요한 그래픽카드의 구동 핵심 칩으로 자리 잡았다. GPU라는 혁신적인 제품 하나가 세상을 바꾼 것이다.

📈 쇼피파이(SHOP)

연도별 매출액·영업이익·총자산과 주가 변화

연도	매출액 (백만 달러)	영업이익 (백만 달러)	총자산 (백만 달러)	주가 (달러)
2016	389	-37	490	42
2017	673	-49	1,113	110
2018	1,073	-91	2,254	138
2019	1,578	-141	3,489	404
2020.8.13				991

(결산일: 12월 30일)

- 성장성: 2015년 28달러에 상장하여 5년 만에 폭발적인 매출 성장을 이뤘고, 2020년 8월 13일 기준 3,539%의 주가 상승을 보였다. 표에서 볼 수 있는 것처럼 영업손실 폭이 확대되고 있어서 불안 요소가 존재하지만, 시장에서는 쇼피파이의 사업 모델이 혁신적이라는 점을 높게 평가하고 있다. 어느 시점이 되면 영업이익이 폭발적으로 성장하리라는 기대감 속에 주가는 지속적으로 상승하고 있다.
- 혁신성: 스노보드 전문 온라인 쇼핑몰을 만들던 한 젊은이가 기

존 쇼핑몰 제작 플랫폼 업체의 문제점을 인지하고, 세상에서 가장 편리하고 쉬운 플랫폼을 만들어야겠다는 생각으로 설립한 회사가 바로 쇼피파이다. 혁신적인 아이디어와 기술로 세상을 바꾼 쇼피파이는 단시간 내에 미국 소매 매출 부문에서 2위를 차지하는 기적을 만들었다.

PART 02

불곰의
미국 주식
9선

성장성과 혁신성을 갖춰 불곰의 종목 선정 기준에 부합하는 미국 주식을 소개한다. 2019년 12월에 발표한 1호를 시작으로 총 아홉 종목이다. 동영상을 통해 더 자세한 정보를 얻을 수 있도록 각 종목에 QR코드를 첨부했다.

룰루레몬(LULU):
명품 요가복의 질주

불곰의 관심 종목 발표일 ▸ 2019년 12월 9일

룰루레몬(Lululemon Athletica) 개요

 취미로 마라톤을 시작했는데, 꾸준히 해서 놀랐는지 아내가 운동복을 선물해줬다. 입어보는 순간 기존에 입던 것들과는 완전히 달랐다. 착용감이 뛰어나 몸과 운동복이 하나가 된 느낌이었다.

'도대체, 브랜드가 뭐지?'

그렇게 알게 된 룰루레몬이 불곰의 미국 관심 종목 1호가 됐다.

캐나다 밴쿠버 출신 사업가 데니스 칩 윌슨Dennis Chip Wilson이 1998년에 설립한 기업으로, 2007년 미국과 캐나다에 동시 상장됐다. 룰루레몬은 '요가복의 샤넬'이라는 별칭을 가지고 있을 만큼 명품 브랜드다. 2008년 매출 3억 달러에서 2018년 매출 32억 달러 달성으로, 10년간 10배 성장했다.

주요 아이템으로는 요가복, 운동복, 트레이닝복, 수영복, 일상복 등이 있다. 단순히 매장을 늘리는 전략이 아닌 커뮤니티 허브를 만

든다는 슬로건으로 운영되고 있다. 한국에서도 커뮤니티 활동을 진행하는데 스트라바 앱을 통한 룰루레몬 런클럽, 매장에서 하는 요가 클래스 등이 있다.

초기 룰루레몬 매장

출처: 룰루레몬 홈페이지

종목 정보 분석하기

종목 분석을 위한 정보는 야후파이낸스에 공개되어 있다. 앞에서 월트디즈니를 예로 정보 분석 방법을 살펴봤으니, 직접 야후파이낸스에 접속해서 현재 룰루레몬의 상황을 확인해보면 좋을 것이다.

📊 Summary Part(요약)

시가총액Market Cap은 29.388B로, 293억 달러가 넘는다. '1달러 = 1,000원 기준'으로 단순히 환산하면 약 29조 3,000억 원이다.

52주 최저가는 110달러, 최고가는 229달러로 1년 동안 약 2배의 상승 폭을 보였다.

PER는 55.63으로 한국 주식 투자 기준인 10을 크게 넘는다. 하지만 앞서 설명했듯이 미국 주식의 투자 기준은 한국 주식과 다르니, 참고만 하고 넘어가면 된다. 중요한 것은 실적으로, 실적 발표일이 주가 변동의 핵심 포인트다.

룰루레몬은 회사의 성장을 위해 배당을 하지 않고 있다. 1년 목표 주가는 220.70달러로 이미 목표를 달성했으며, 실적 발표 후 새로운 목표 주가가 설정될 것으로 보인다.

출처: 야후파이낸스 Summary

📈 Chart Part(차트)

최근 2년간의 차트다. 2018년 후반 잠깐 하락세가 있었지만, 전체적으로 우상향 중이다. 미국 주식은 실적대로 움직이는 경우가 많다. 룰루레몬은 실적이 꾸준히 좋았고, 주가도 그에 따라서 움직였다.

출처: 야후파이낸스 Chart

다음 차트는 실적 발표가 주가에 끼치는 영향을 단적으로 보여
준다. 실적 발표 날, 호실적으로 주가가 갭 상승을 했다. 이런 경우
에는 실적을 발표할 때마다 애널리스트들이 목표 주가를 상향 조
정한다.

출처: 야후파이낸스 Chart

불곰의 투자 Tip!

주식은 복권이 아니다. 모든 주식 뒤에는 해당 회사가 있다. 주가는 이 회사의 실적과 전망(희망 또는 기업의 꿈)에 따라서 움직인다. 만약 실적이 급락했다면 주가는 폭락했을 것이다. 미국 주식에서는 실적에 대한 예측이 매우 중요하다.

⚏ Statistics Part(통계)

룰루레몬의 가치측정 방법Valuation Measures을 설명하는 부분이다. 야후 파이낸스가 자체적으로 산정한 가치는 30.14B로 30조 원을 넘어선다. 과거 PERTrailing P/E가 56.57이었고, 예상 PERForward P/E는 40.81이다. 이렇게 예상 PER가 과거 PER보다 낮아진다는 것은 실적이 증가할 것으로 전망된다는 의미다.

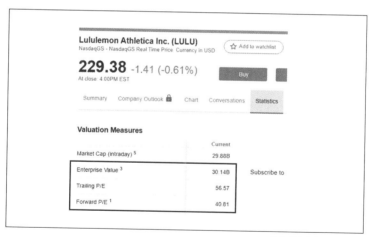

출처: 야후파이낸스 Statistics

룰루레몬의 회계연도Fiscal Year Ends 결산일은 2월 3일이다. 앞서 설명했듯이, 한국에서는 대체로 연초에 시작하여 연말에 마감하지만 미국 기업들의 회계연도는 기업마다 다르다.

수익률Profitability은 당기순이익률Profit Margin과 영업이익률Operating Margin을 보여준다. 각각 14.93%, 21.23%다. 총자산이익률ROA(총자산 대비 당기순이익이 차지하는 비중)은 20.76%로 높은 편이다. 자기자본이익률ROE(자기자본 대비 당기순이익이 차지하는 비중)은 37.80%로 역시 높은 편이다. ROE가 높다는 것은 영업활동을 잘하고 있다는 의미다.

Financial Highlights

Fiscal Year

Fiscal Year Ends	Feb 03, 2019
Most Recent Quarter (mrq)	Aug 04, 2019

Profitability

Profit Margin	14.93%
Operating Margin (ttm)	21.23%

Management Effectiveness

Return on Assets (ttm)	20.76%
Return on Equity (ttm)	37.80%

출처: 야후파이낸스 Statistics

손익계산서Income Statement에서 중요한 것 세 가지만 보겠다. 매출Revenue은 3조 5,000억 원, 작년 동 분기 매출성장률Quarterly Revenue Growth(yoy) 22.10%, 작년 동 분기 당기순이익 성장률Quarterly Earnings Growth(yoy) 30.50%로 지속적으로 성장하고 있다.

Income Statement	
Revenue (ttm)	3.58B
Revenue Per Share (ttm)	27.27
Quarterly Revenue Growth (yoy)	22.10%
Gross Profit (ttm)	1.82B
EBITDA	897.48M
Net Income Avi to Common (ttm)	534.47M
Diluted EPS (ttm)	4.05
Quarterly Earnings Growth (yoy)	30.50%

재무상태표^{Balance Sheet}에서는 부채비율을 살펴봐야 한다. 'Total Debt/Equity'가 최근 분기 부채비율을 말하며 46.34%다. 미국 주식 역시 특별한 이유가 없다면 부채비율 100% 미만을 기준으로 투자 판단을 하면 된다.

Balance Sheet	
Total Cash (mrq)	623.74M
Total Cash Per Share (mrq)	4.79
Total Debt (mrq)	698.49M
Total Debt/Equity (mrq)	46.34
Current Ratio (mrq)	2.41
Book Value Per Share (mrq)	11.57

📊 Financial Part(재무제표)

처음에 나오는 재무제표가 손익계산서^{Income Statement}다. 앞서 Statistics (통계) 탭에서 요약하여 확인한 내용을 분기별^{Quarterly}, 연도별^{Annual}로 구

분하여 구체적으로 볼 수 있다.

연도별 실적을 보면 최근 5년간의 총매출Total Revenue, 영업이익 Operating Income이 지속 성장을 이어가고 있다. 당기순이익Net Income은 2018년에 잠깐 떨어졌지만, 2019년 큰 폭으로 상승했다. 중요한 것은 전체적으로 우상향을 보인다는 것이다.

Income Statement (All numbers in thousands)

Breakdown	TTM	1/30/2019	1/30/2018	1/30/2017	1/30/2016
Total Revenue	3,580,780	3,288,319	2,649,181	2,344,392	2,060,523
Operating Income or Loss	764,117	705,836	494,526	421,152	369,076
Income Before Tax	773,251	715,250	459,998	422,729	368,495
Income Tax Expense	238,780	231,449	201,336	119,348	102,448
Income from Continuing Operations	534,471	483,801	258,662	303,381	266,047
Net Income	534,471	483,801	258,662	303,381	266,047

출처: 야후파이낸스 Financials

분기별로 살펴보더라도 매 분기 매출이 상승하고 있음을 알 수 있다. 특히 2018년 4분기(1/30/2019) 매출이 11억 달러로 폭발적인 증가세를 보였는데, 이 기간에 미국의 대표 세일 시즌인 블랙프라이데이가 있기 때문이다.

Income Statement (All numbers in thousands)

Breakdown	TTM	7/30/2019	4/29/2019	1/30/2019	10/30/2018
Total Revenue	3,580,780	883,352	782,315	1,167,458	747,655
Operating Income or Loss	764,117	167,982	128,812	331,420	135,903
Income Before Tax	773,251	169,832	131,191	334,281	137,947
Income Tax Expense	238,780	44,842	34,588	115,816	43,534
Income from Continuing Operations	534,471	124,990	96,603	218,465	94,413
Net Income	534,471	124,990	96,603	218,465	94,413

출처: 야후파이낸스 Financials

재무상태표Balance Sheet에서 연도별 자산Total Assets, 자본Total Stockholders' equity, 부채Total Liabilities 금액을 확인하고 부채비율도 직접 계산해본다. 2018 년 재무정보를 기준으로 계산하면 '(638,736,000/1,445,975,000) × 100 = 44%'가 되므로 부채비율 100% 미만 기준에 부합한다.

Breakdown	1/30/2019	1/30/2018	1/30/2017	1/30/2016
Total Assets	2,084,711	1,998,483	1,657,541	1,314,077
∨ Liabilities and stockholders' equity				
> Liabilities	638,736	401,523	297,568	286,595
Total Stockholders' Equity	1,445,975	1,596,960	1,359,973	1,027,482
Total Liabilities stockholders' equity	2,084,711	1,998,483	1,657,541	1,314,077

출처: 야후파이낸스 Financials

이번에는 'Earnings' 부문을 체크해보자. 주식시장 전문가들의 평균 예상치를 컨센서스라 한다. 컨센서스 EPS^{Consensus EPS}는 평균 예상 주당순이익으로 빈 동그라미로 표시된다. 발표된 실적이 예상치보다 높으면 녹색(이 책에서는 회색으로 나타냈다) 동그라미로 표시한다. 다음 그림에서 볼 수 있듯이, 룰루레몬은 전문가들의 예상치보다 항상 좋은 결과를 내주고 있다. 사업을 잘하고 있다는 뜻이다. 실적이 시장 평균 예상치보다 높게 나오면 주가는 상승하는 경향이 있다. 앞서도 차트를 통해 룰루레몬 실적 발표 때 갭 상승이 나타났음을 확인했다.

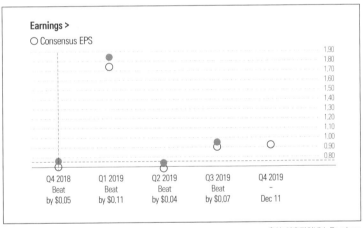

출처: 야후파이낸스 Earnings

불곰의 투자 Tip!
하단의 축에 있는 'Q3 2019'는 3분기를 표시하는 것이 아니라 '2019년 세 번째 실적 발표'라고 보면 된다. 회사마다 회계연도가 다르기에 나타나는 현상이다.

ᴍ Analysis Part(전문가 의견)

Earnings 다음 쪽으로 종목 추천 추세Recommendation Trends가 있다. 이는 미국 애널리스트들이 이 종목에 대해서 어떤 의견을 가지고 있는지를 보여준다. 2019년 9월에는 35명의 애널리스트 중 강력매수Strong Buy 의견을 제시한 애널리스트가 5명, 매수Buy 10명, 중립Hold 17명, 비중 축소Underperform 2명, 매도Sell 1명이었다. 그리고 12월에는 강력 매수 7명, 매수 11명, 중립 15명, 비중 축소와 매도는 각 1명씩으로 전체적인 평점이 상승했다. 목표 주가가 평균 220.70달러인데 현재 주가는 목표가를 넘어 225.58달러를 기록하고 있다.

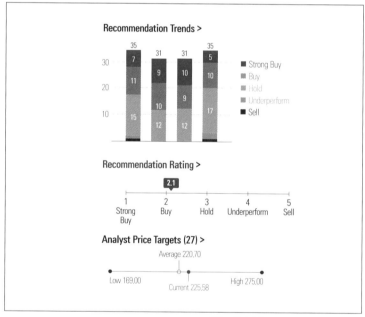

출처: 야후파이낸스 Recommendation Trends

📈 Holders Part(주주 구성)

주주Holders 현황에서 주요 주주Major Holders를 보면 기관투자자Institutions
가 86% 이상을 보유하고 있고, 보유한 기관의 수는 784개다. 주요
기관투자자로는 FMR, 뱅가드 그룹Vanguard Group, 제니슨 어소시에이
츠Jennison Associates, 블랙록Blackrock, JP모건JP Morgan 등이 있다.

Major Holders
Currency in USD
Breakdown

2.79%	% of Shares Held by All Insider
83.98%	% of Shares Held by Institutions
86.39%	% of Float Held by Institutions
784	Number of Institutions Holding Shares

Top Institutional Holders

Holder	Shares	Date Reported	% Out
FMR, LLC	18,471,134	Sep 29, 2019	15.00%
Vanguard Group, Inc. (The)	10,452,895	Sep 29, 2019	8.49%
Jennison Associates LLC	9,240,325	Sep 29, 2019	7.50%
Blackrock Inc.	7,182,783	Sep 29, 2019	5.83%
JP Morgan Chase & Company	3,201,289	Sep 29, 2019	2.60%

출처: 야후파이낸스 Holders – Major Holders

내부자 매매Insider Transactions 항목을 통해 회사 내 관계자들의 매매
현황은 어떤지 관심을 두고 살펴볼 필요가 있다. 매수가 44만 주,
매도가 42만 주다.

다음 표에서 보면 알 수 있듯이, 매도자 리스트에 설립자인 데니

스 윌슨도 포함되어 있다.

Insider Transactions
Currency in USD

Insider Purchases Last 6 Months	Shares
Purchases	441,567
Sales (WILSON DENNIS J – Director)	425,032
Net Shares Purchased (Sold)	16,535
Total Insider Shares Held	3.63M
% Net Shares Purchased (Sold)	0.50%

출처: 야후파이낸스 Holders – Insider Transactions

📈 Sustainability Part(지속 가능성)

마지막은 지속 가능성Sustainability 파트로, 여기서는 ESGEnvironment, Social, Governance 지수를 통해 기업을 판단한다. ESG는 환경적인 요소, 사회적 요소, 지배구조 등을 수치로 표시한 것이다. 경쟁사들과 비교하여 적정 수준인지 판단하면 된다. 룰루레몬은 평균값에 근접해 있으므로 큰 문제가 없다고 판단할 수 있다.

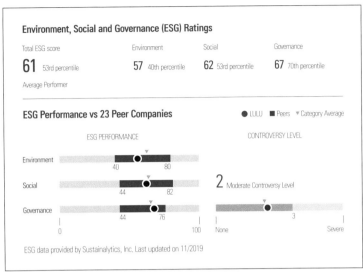

출처: 야후파이낸스 Sustainability

다음 이미지는 룰루레몬이 2분기 실적을 발표할 때 첨부한 자료다. 이에 따르면 전 세계적으로 460개의 매장이 있고 남성 분야의 매출 35%, 북미 21%, 온라인 판매 31%, 해외 판매가 34% 성장했다. 회사의 목표 슬로건은 'Power of Three'로, '두 배의 온라인 판매, 두 배의 남성 분야 매출, 네 배의 해외매출 성장'이라는 의미라고 설명되어 있다. 앞으로 이 목표를 실제로 달성하는지 관심을 갖고 지켜보자.

사업 현황 세부 보고

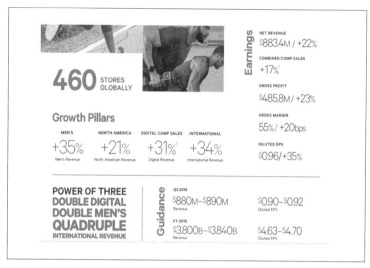

코파트(CPRT): 온라인 차량 경매의 최강자

불곰의 관심 종목 발표일 > 2020년 1월 30일

코파트(Copart) 개요

 자동차에 큰 관심이 있는 것은 아니지만, 멋진 차를 보면 한 번쯤 눈이 갈 때가 있어 가끔 유튜브에서 검색해보곤 한다. 알다시피 유튜브에는 다양한 콘텐츠가 넘쳐나는데, 페라리 관련 영상을 찾아보다가 박진감 넘치는 콘텐츠를 보게 됐다. 코파트가 올린 자동차 라이브 경매 동영상이었는데 처음 보는 것이라 신기했다. 매일 10만 대 이상의 자동차 경매가 이루어지는 '100% 온라인 자동차 경매'라는 소개에 이어, 중고차를 판매하고 싶을 경우 등록하는 방법 등을 자세히 안내하는 내용이었다.

흥미가 생겨서 홈페이지를 방문해 자세히 살펴봤다. 한국에는 잘 알려져 있지 않지만, 온라인상에서 세계를 무대로 뛰는 기업이었다. 코파트가 불곰의 두 번째 미국 주식 관심 종목이 된 이유다.

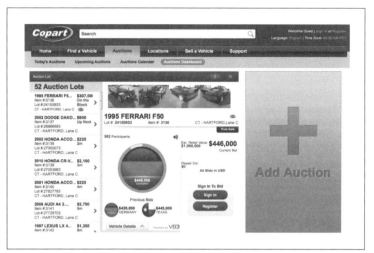

코파트는 1982년 캘리포니아 벌레이오에서 설립된 최초의 온라인 차량 경매 회사다. 전 세계의 차량 매수자와 판매자를 연결해준다. 주요 사업은 차량 경매를 전문적으로 하는 플랫폼을 개발하여 보험회사, 렌터카회사, 기관이나 단체 등과 같은 판매자와 차량분해 업자, 중고차 딜러, 차량 수집가 등의 매수자들을 연결하는 것이다. 특히 전손 차량 경매가 많다.

불곰의 투자 Tip!

전손 차량이란 사고 난 차량의 차주가 수리비가 많이 나와 수리를 하더라도 중고 시세보다 높게 받지 못할 것 같아서 보험사에 판매한 차량을 말한다. 이런 차들을 코파트의 온라인 플랫폼을 통해 경매한다.

코파트는 S&P500에 포함된 큰 기업이며 현재 11개국에서 240

개 이상의 차량 보관소를 운영 중이고 매일 17만 5,000대 이상의 차량이 경매되고 있다. 엄청난 양의 차량을 보관할 수 있는 장소도 매우 중요한 사항으로 8,000에이커 이상의 차량 보관용 대지를 확보하고 있으며 이 중 80% 이상을 직접 소유하고 있다. 그만큼 가장 큰 투자를 하는 부분이 차량 보관소 확보다. 북미에 200개 이상, 유럽에 36개, 중동에 3개, 남미에 1개의 차량 보관소가 있다.

세계 각국에 있는 코파트의 차량 보관소

출처: 코파트 홈페이지

코파트의 가장 큰 경쟁력은 특허받은 업계 최고의 가상 입찰 기술을 사용한 경매 플랫폼 버추얼 비딩 테크놀로지Virtual Bidding Technology로, 2001년 온라인에서 회원들이 경쟁할 수 있도록 가상 입찰을 도입했다. 2003년에

VB3 화면

출처: 코파트 홈페이지

는 VB2를 개발하여 온라인 라이브 경매에 앞서 예비 입찰을 도입했으며, VB3가 나올 때까지 10년간 사용했다. 2013년에 출시된 VB3는 최신 브라우저를 모두 지원하며, 플러그인의 필요성을 없애고 모바일 기기로까지 기능을 확장했다.

VB3 앱 경매 현황

출처: 코파트 홈페이지

종목 정보 분석하기

📈 Summary Part(요약)

코파트 주가는 2020년 1월 28일 종가 기준 100.71달러로 1994년 나스닥 상장 당시 0.5달러에서 200배 상승했다. 시가총액은 234억 달러이고, 1년 목표 주가 95.44달러는 이미 넘어섰다.

출처: 야후파이낸스 Summary

📈 Statistics Part(통계)

자동차 관련 기업들의 이익률이 10%를 넘기가 힘든데 코파트는 당기순이익과 영업이익률이 매년 30%가 넘는다. 자기자본이익률은 37.80%로 3년 정도면 자기자본이 2배가 된다는 뜻이다. 작년 분기 대비 매출성장률은 20%로 지속 성장하고 있으며, 부채비율 역시 28%로 양호하다.

Profitability

Profit Margin	32.59%
Operating Margin (ttm)	36.08%

Management Effectiveness

Return on Assets (ttm)	18.39%
Return on Equity (ttm)	37.80%

Income Statement

Revenue (ttm)	2.14B
Revenue Per Share (ttm)	9.29
Quarterly Revenue Growth (yoy)	20.20%
Gross Profit (ttm)	930.74M
EBITDA	848.87M
Net Income Avi to Common (ttm)	695.79M
Diluted EPS (ttm)	2.9
Quarterly Earnings Growth (yoy)	91.20%

Balance Sheet

Total Cash (mrq)	181.1M
Total Cash Per Share (mrq)	0.78
Total Debt (mrq)	540.89M
Total Debt/Equity (mrq)	28.08
Current Ratio (mrq)	2.3
Book Value Per Share (mrq)	8.29

출처: 야후파이낸스 Statistics

📈 Financial Part(재무제표)

코파트는 과거 10년간 평균 영업이익률 31%를 달성한 회사로 매출과 당기순이익이 지속 성장하는 초우량 기업이다. 최근 5년간의 매출, 영업이익, 당기순이익도 10% 이상 지속적으로 증가했다.

Income Statement (All numbers in thousands)

Breakdown	TTM	7/30/2019	7/30/2018	7/30/2017	7/30/2016
Total Revenue	2,135,013	2,041,957	1,805,695	1,447,981	1,268,449
Cost of Revenue	1,177,720	1,143,615	1,043,329	815,953	723,863
Gross Profit	957,293	898,342	762,366	632,028	544,586
∨ Operating Expenses					
Research Development					
Selling General and Administrative	186,867	181,867	176,890	151,364	138,116
Total Operating Expenses	186,867	181,867	176,890	151,364	138,116
Operating Income or Loss	770,426	716,475	585,476	480,664	406,470
Interest Expense	19,770	19,810	20,368	23,779	23,606
Total Other Income/Expenses Net	5,741	6,061	–3,890	–18,191	11,552
Income Before Tax	758,247	704,951	562,511	440,100	395,865
Income Tax Expense	62,457	113,258	144,504	45,839	125,505
Income from Continuing Operations	695,790	591,693	418,007	394,261	270,360
Net Income	695,790	591,693	417,867	394,227	270,360

출처: 야후파이낸스 Financials – Income Statement

📊 사업보고서

2016년 코파트의 사업 확장과 영업활동에 대해 회사는 사업보고서에서 다음과 같이 설명한 바 있다.

> "코파트의 멤버는 170여 개국 75만 명을 넘어선다. 11개국의 200개 이상의 지역에서 영업하고 있으며, 매일 17만 대 이상의 차량에 대해 경매가 이뤄진다. 보험회사로부터 확보한 차량의 비율이 80% 이상이지만 단일 비중으로 10% 이상을 차지하는 보험회사가 없으며, 수십 년 동안 유지해오고 있는 계약 관계와 온라인 경매 플랫폼의 시장지배력을 고려한다면 보험회사와 코파트의 관계는 쉽게 중단되지 않을 것으로 판단된다."

경매를 통해 차량을 매수하기 전에 궁금한 사항을 확인하고 싶어 하는 고객들을 위해 유료 서비스를 제공하고 있다. 비용은 10~35달러 사이로 만족할 만한 정보를 얻을 수 있다는 것도 코파트의 차별화된 서비스다. 이 서비스에는 오토체크Auto Check(과거 사고 이력, 소유권 이전 현황), 컨디션스 리포트Conditions Report(50개 이상의 체크 포인트를 점검한 자동차 상태 보고서), EPIC VIN(현재 정부 등록 자동차 소유권 현황, 보험사의 전손 처리 기록, 담보 제공 여부) 그리고 마켓 가이드 리포트Market Guide Report(자동차 딜러 협회 평가 가격, 유사 사례 가격 비교 등)가 있다.

코파트의 차별화된 서비스

경매로 낙찰받은 차량에서 필요한 부품만 사용하고 남은 것들을 다시 경매에 올릴 수 있는 'U PULL IT' 서비스도 코파트 회원들에게 매력적인 요소다.

코파트의 경매에 출품된 미국 차량의 판매 현황을 매수자의 소재지별로 구분한 자료를 보면, 경매 장소와 같은 주에 거주하는 사람보다 미국 내 다른 주 또는 미국 이외 국가 거주자의 입찰이 늘고 있다. 이는 장소에 구애받지 않고 입찰에 참여할 수 있는 온라인 경매 플랫폼의 특성으로, 이 시장이 확대되고 있음을 의미한다. 이 부분이 코파트의 엄청난 잠재력이다.

코파트 경매 플랫폼의 입찰 참여자

회계연도	미국		미국 이외 국가
	같은 주에 거주	다른 주에 거주	
2017년	50.2%	29.7%	20.1%
2018년	47.7%	30.9%	21.4%
2019년	45.8%	32.0%	23.2%

출처: 사업보고서(10-K)

사업보고서 항목1에 나와 있는 코파트의 '운영 및 성장 전략'은 다음과 같다.

운영 및 성장 전략

우리의 성장 전략은 무엇보다도 다음과 같은 방법으로 수익과 수익성을 높이는 것이다.

(i) 외국 시장을 포함한 주요 핵심 시장에서 신규 시설을 인수하거나 개발한다.

(ii) 국가 및 지역 단위의 차량 공급 계약을 추구한다.

(iii) 온라인 경매 및 차량 재판매 서비스를 판매자 및 회원에게 확대한다.

(i)번에 대해서는 새로운 차량 보관 시설을 확보 및 개발함으로써 전 세계 국가 또는 지역 기준의 통합된 서비스를 차량 판매자에게 제공한다는 의미라고 설명했다. 즉, 오프라인 경매시설을 인수하여 신규 판매자를 유입시켜 온라인으로 구축한 전 세계 코파트 멤버들에게 제공해서 매출을 증가시키겠다는 전략이다.

2018년부터 CAPEX(투자지출액)가 급증하고 있으며, 이는 매출과 영업이익 성장률로 연결된다. 지속적으로 오프라인 경매 장소를 인수하면서 ROE를 유지한다는 것은 그만큼 투자 수익률을 달성하는 능력이 뛰어나다고 볼 수 있다.

최근 12개월 기준 4억 4,000만 달러 이상을 투자했다. 신규 시설의 인수 및 개발을 위한 투자로 매출액 성장률과 영업이익 성장률이 잠시 둔화된 모습을 보이고 있지만, 해당 신규 시설에서 새로운 수익이 창출되면 성장률이 다시 높아질 것이다.

CAPEX, 매출액·영업이익 성장률 추이

(단위: 백만 달러, %)

구분	2016년	2017년	2018년	2019년	TTM
CAPEX	174	172	297	375	443
매출액 성장률	10.6	14.2	24.7	13.1	4.6
영업이익 성장률	18.0	13.5	26.7	22.6	7.5

출처: 사업보고서(10-K)

코파트는 0.5달러에 상장해 100달러까지 급성장을 이뤘다. 2018년 9월 실적 발표 때 주가가 급락한 적이 있다. 당시 실적이 시장 컨센서스보다 0.06달러 부족했기 때문으로, 주가가 15% 하락했다.

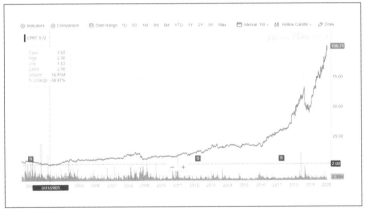

출처: 야후파이낸스 Chart

실적 발표 내용을 보면 허리케인 피렌체의 영향으로 비정상적인 비용이 발생해서 영업이익이 전 분기 대비 23% 하락했다고 나와 있다. 2018년 전체 실적은 전년 대비 증가했는데도 일회성 사건으로 주가가 하락한 상황이었다. 이후 실적이 회복되자 주가도 바로 상승했다.

2020년 매출이 얼마나 증가하는지 관심을 가지고 지켜볼 필요가 있다.

어도비(ADBE):
상장 이후 1,800배 주가 상승

불곰의 관심 종목 발표일 ▸ 2020년 2월 13일

어도비(Adobe) 개요

 미국 관심 종목을 발표하면서 다양한 산업군의 회사들을 보게 되는데, 당연하게도 낯익은 기업들은 머릿속에 오래 남는다. 불곰주식연구소는 다양한 콘텐츠를 제작하고 있다. 매주 발표하는 보유 종목 수익률 현황, 관심 종목 동영상, 유튜브 콘텐츠 등이 대표적이다. 그 과정에서 수많은 이미지 작업과 편집 작업이 이루어지는데, 모두 어도비의 프로그램을 이용하고 있다. 등잔밑이 어둡다더니 이렇게 가까운 곳에 관심 종목이 있을 줄은 몰랐다.

어도비는 1982년 존 워녹John Warnock과 찰스 게스케Charles Geschke가 포스트스크립트PostScript 개발·판매를 목적으로 설립한 회사다. 포스트스크립트란 그래픽을 위한 페이지 기술 언어PDL, page description language로 그래픽의 생김새에 대해 묘사하는 프로그래밍 언어라고 생각하면 된다. 1985년 애플컴퓨터와 라이선스 계약을 맺고 레이저 프린터에 탑재하여 출시하면서 큰 호평을 얻었고, 이후 업계 표준이 됐다. 컴퓨터를 이용한 전자출판DTP의 새로운 장을 열게 된 혁신적인 사건으로, 애플컴퓨터의 매킨토시와 레이저프린터만 있으면 누구라도 책을 제작할 수 있게 됐다. 2005년 경쟁사인 매크로미디어Macromedia를 인수함으로써 디자인 관련 소프트웨어 부문에서 경쟁사가 사라져 시장을 독점하게 됐다.

2013년에는 크리에이티브 클라우드Creative Cloud 서비스를 발표했다. 이전까지 디자인회사나 전문 직종 관계자들이 패키지 소프트웨어를 구입해 사용하던 포토샵Photoshop, 일러스트Illustrator, 인디자인InDesign, 프리미어 프로Premiere Pro, 애프터이펙트After Effects 등을 월 단위로 결제하고 사용하는 방식인 온라인 클라우드 서비스 형태로 변경한 것이다. 전 세계 어느 곳이든 최신 버전의 소프트웨어를 다운로드받아 설치할 수 있고, 작업한 자료를 웹 저장공간에 업로드할 수 있어 쉽게 공유가 가능하다.

어도비의 소프트웨어는 한번 쓰기 시작하면 다른 프로그램으로 대체하기가 불가할 정도로 성능이 뛰어나다. 대다수의 디자이너가 사용하고 있지만, 기존에는 가격이 매우 비싸 불법 공유를 통해 이용하는 경우가 태반이었다. 이런 문제를 해결하기 위해 2013년부터 월 정액제로 판매하면서 가격을 낮춰 합법적으로 사용할 수 있게 했다. 결과는 성공적이어서 매출과 이익이 급성장했다.

어도비의 제품군은 이미지 편집 프로그램 포토샵, 페이지레이아웃 디자인 및 퍼블리싱 프로그램 인디자인, 비디오 편집 프로그램 프리미어 프로, 벡터 일러스트레이션 제작 프로그램 일러스트, PDF 솔루션 아크로뱃등 매우 다양하다.

어도비의 주요 제품

출처: 어도비 홈페이지

각 프로그램의 월 사용료는 어도비 홈페이지에 게시되어 있다. 어도비에서 제공하는 모든 프로그램을 사용하는 구성이 월 6만 2,000원, 개별 프로그램 사용료는 1만 원대부터 2만 원대 후반으로 개인 사용자들은 큰 부담 없이 사용할 수 있는 수준이다. 학생 및 교사의 경우 집에서 개인적으로 사용을 원할 때는 최대 60%의 할인을 받을 수 있다. 물론 기업이나 학교 같은 교육기관에서 사용할 때는 가격이 올라간다.

사용자별 가격 정책

출처: 어도비 홈페이지

종목 정보 분석하기

📊 Summary Part(요약)

2020년 2월 11일(미국 시각) 주가는 369.28달러다. 미국 주식시장이
연일 상승하고 있는 상황과 맞물려 최고가를 경신 중이며, 시가총
액은 1,800억 달러다. PER는 61.55로 국내 주식 투자 기준에 비하
면 엄청난 비율이지만 참고만 한다.

출처: 야후파이낸스 Summary

📊 Chart Part(차트)

1986년 8월 나스닥에 상장해 0.20~0.23달러에 거래가 시작된
이후 2020년 2월 13일 주가 370달러가 넘는 회사가 됐다. 대략
1,800배의 엄청난 주가 상승이다. 이는 전 세계 투자자들의 자금

이 몰리는 미국 주식시장이기에 가능한 일이다.

출처: 야후파이낸스 Chart

📊 Statistics Part(통계)

2019년 4분기 기준 당기순이익률은 26.42%, 영업이익률은 29.25%로 높은 이익률을 보인다. 작년 동 분기 대비 매출성장률은 21.40%, 작년 동 분기 대비 수익성장률은 25.60%로 매년 20% 이상 성장하고 있다. 어도비 이용자의 증가로 나온 결과이며, 회사가 영업을 잘 하고 있음을 알 수 있다. 부채비율은 39.30%로 재무안정성 또한 매우 좋다.

Profitability

Profit Margin	26.42%
Operating Margin (ttm)	29.25%

Management Effectiveness

Return on Assets (ttm)	10.33%
Return on Equity (ttm)	29.67%

Income Statement

Revenue (ttm)	11.17B
Revenue Per Share (ttm)	22.97
Quarterly Revenue Growth (yoy)	21.40%
Gross Profit (ttm)	9.5B
EBITDA	3.83B
Net Income Avl to Common (ttm)	2.95B
Diluted EPS (ttm)	6
Quarterly Earnings Growth (yoy)	25.60%

Balance Sheet

Total Cash (mrq)	4.18B
Total Cash Per Share (mrq)	8.66
Total Debt (mrq)	4.14B
Total Debt/Equity (mrq)	39.30
Current Ratio (mrq)	0.79
Book Value Per Share (mrq)	21.83

📊 Financial Part(재무제표)

매출 내역을 보면 2016년 58억 달러에서 2019년 111억 달러로 3년 만에 매출이 2배 가까이 성장했다. 엄청난 성장이다. 영업이익도 2016년 14억 달러에서 2019년 32억 달러로 2배 이상 성장했고, 당기순이익도 11억 달러에서 29억 달러로 가파르게 증가했다. 새로운 판매 방식인 크리에이티브 클라우드의 이용자가 지속적으로 늘고 있음을 보여준다.

Income Statement (All numbers in thousands)

Breakdown	TTM	11/29/2018	11/29/2017	11/29/2016
Total Revenue	11,171,297	9,030,008	7,301,505	5,854,430
Cost of Revenue	1,672,720	1,194,999	1,010,491	819,908
Gross Profit	9,498,577	7,835,009	6,291,014	5,034,522
∨ Operating Expenses	6,230,456	4,994,640	4,122,919	3,542,428
Research Development	1,930,228	1,537,812	1,224,059	975,987
Selling General and Administrative	4,124,984	3,365,727	2,822,298	2,487,907
Total Operating Expenses	6,230,456	4,994,640	4,122,919	3,542,428
Operating Income or Loss	3,268,121	2,840,369	2,168,095	1,492,094
Interest Expense	157,214	89,242	74,402	70,442
Total Other Income/ Expenses Net	25,513	-49,791	-22,121	-33,854
Income Before Tax	3,204,741	2,793,876	2,137,641	1,435,138
Income Tax Expense	253,283	203,102	443,687	266,356
Income from Continuing Operations	2,951,458	2,590,774	1,693,954	1,168,782
Net Income	2,951,458	2,590,774	1,693,954	1,168,782

출처: 야후파이낸스 Financials – Income Statement

㎆ 콘퍼런스콜

2019년 12월 12일에 있었던 4분기 콘퍼런스콜의 주요 내용을
보면 디지털 미디어 부문이 전년 대비 22% 성장, 크리에이티브
21% 성장, 어도비 도큐먼트 클라우드 25% 성장, 디지털 익스피
리언스 31% 성장 등 모든 부문에서 20% 이상 성장했다. 또한 주
주 가치 제고를 위해 2조 7,000억 원 상당의 자사주를 매수했다
고 발표했다.

- Digital Media segment revenue of $7.71 billion, representing 22% year-over-year growth;
- Creative revenue of $6.48 billion, representing 21% year-over-year growth;
- Adove Document Cloud revenue of $1.22 billion, representing 25% year-over-year growth;
- Exiting the year with $8.40 billion of Digital Media APR, an annual increase of $1.69 billion;
- Digital Experience segment revenue of $3.21 billion, representing 31% year-over-year growth;

- **Returning $2.7 billion in cash to stockholders through our stock repurchase program.**

Adove Q4 and FY2019 Earnings Call Script   December 12, 2019

- Digital Experience subscription revenue of $2.67 billion, representing 37% year-over-year growth;
- Growing Digital Experience subscription bookings by greater than 20%

출처: 4Q 2019 콘퍼런스콜

2019년 4분기 콘퍼런스콜에서 2020년 목표를 공개했다. 총매
출을 약 130억 달러로 설정했다. 분야별로 보면 디지털 미디어 부
문은 전년 대비 19%, 디지털 익스피어리언스 부문은 16%, 구독자
매출은 18%, 예약 구독자는 20% 성장할 것으로 내다봤다. 결과는
더 좋게 나올 수 있겠지만 보수적으로 설정한 것으로 보인다.

We are providing the following fiscal year 2020 targets;

• Total Adobe revenue of apporoximately $13.15 billion;

• Digital Media segment year-over-year revenue growth of apporoximately 19%;

• Net new Digital Media APR of apporoximately $1.55 billion;

• Digital Experience subscription year-over-year revenue growth of apporoximately 16%;

• Digital Experience subscription revenue year-over-year growth of apporoximately 18%;

• Digital Experience subscription bookings year-over-year growth of greater than 20%

출처: 4Q 2019 콘퍼런스콜

주가 측면에서 큰 변곡점이라 할 수 있는 시기는 2013년 크리에이티브 클라우드 서비스를 개시했을 때다. 매출 성장과 함께 주가도 꾸준히 상승했으며, 2020년 2월 12일(미국 시각) 기준 374달러로 마감됐다. 상장 당시와 비교하면 1,800배 이상 상승한 것이다. 강력한 소프트웨어를 독점적으로 보유하고 있으면서 지속적인 개발과 업그레이드를 통해 고객의 니즈를 충족시키는 어도비는 혁신적인 회사다. 계속 관심을 갖고 지켜보자.

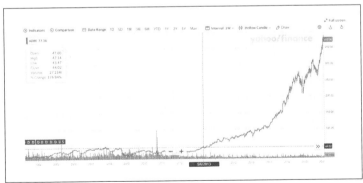

출처: 야후파이낸스 Chart

인모드(INMD): 젊음이야말로 최고의 상품이다

불곰의 관심 종목 발표일 ➤ 2020년 3월 5일

인모드(InMode) 개요

 불곰 주식 시즌 1에서 의약품 관련 종목을 추천한 적이 있다. 2011년 3월 발표했던 메디톡스로, 보툴리눔 톡신 botulinum toxin을 이용하여 메디톡신을 생산하는 제약사다. 메디톡스는 『불곰의 가치투자 따라 하기』에서도 투자 과정을 상세히 소개했다.

보툴리눔 톡신은 일명 '보톡스'로 불리는데, 피부 노화 등으로 주름이 생겼을 때 많이 이용한다. 젊어져 보이는 효과가 크다. 이처럼 피부 노화를 방지하는 안티에이징 시술과 지방 제거 기능이 있는 제품을 생산하는 미국 회사를 발견하고 관심 종목으로 선정했다. 불곰의 네 번째 미국 관심 종목인 인모드다.

이 회사는 2008년 이스라엘에서 인베이식스 Invasix라는 사명으로 설립되어 2017년 현재 사명인 인모드로 변경했다. 2019년 8월 미국 나스닥에 상장했으며, IPO(기업공개) 시 500만 주 공모에 공모가는 14달러였다. 전 세계 50개국에 유통망을 두고 있으며, 의료·미용 제품을 설계·개발·제조·판매한다. 주요 아이템은 최소 침습적 RF 기술을 이용한 제품과 비침습적 제품이 있다.

피부가 노화되어 처졌거나 비만으로 살이 쪘을 경우 수술하지 않고 간단한 시술을 통해 치료받길 원하는 환자들에게 환영받고 있다. 기존에 사용하던 울트라Ulthera 제품과 써마지Thermage 제품을 합친 기능을 제공하기 때문에 두 대를 한 대로 사용하게 되는 편리함으로 호평을 받고 있다.

미국 할리우드 배우 겸 가수 폴라 압둘Paula Abdul이 안티에이징 시술을 받아 젊어지면서 유명해졌다. 백문이 불여일견이라고 다음 사진으로 치료 효과를 확인해보라. 인모드 홈페이지에는 더 다양한 부위에 사용한 전후 비교 사진이 있다.

안티에이징 시술 전후 비교 자료

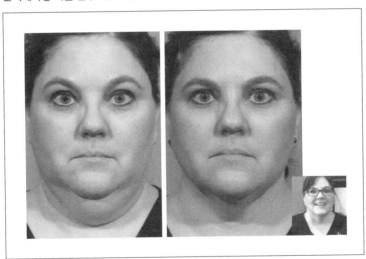

출처: 인모드 홈페이지

대표적인 제품인 BodyFX는 압력으로 피부를 빨아들여 40℃까지 온도를 상승시킨 후 2,000V의 고전압을 걸어 지방을 분해한다. 이것이 타사 제품과의 가장 큰 차이점이다.

지방 분해 제품 설명 자료

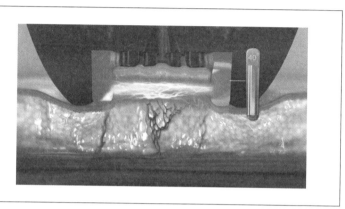

인모드의 제품을 통해 얻을 수 있는 효과는 여성의 건강을 안전하고 효과적으로 관리할 수 있다는 점이다. 제모, 피부 색소 및 혈관 문제 개선, 피부 리모델링을 통한 노화 방지, 비침습 시술을 통한 바디 및 얼굴 지방 제거, 최소 침습 시술로 흉터 없이 얼굴 부위 리모델링 등을 할 수 있다. 분야별로 치료 장비들이 나뉘어 판매되는데 1대당 1억 원 정도 한다.

인모드의 제품군

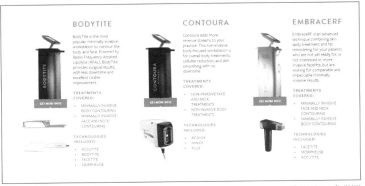

종목 정보 분석하기

📊 Summary Part(요약)

2020년 3월 초에는 코로나19 바이러스로 전 세계 주식시장이 요동쳤다. 인모드 주가 추이를 보더라도 하루 사이에 폭락과 폭등이 번갈아 발생하면서 시가총액이 1조 800억 원에서 1조 2,000억 원(1달러 = 1,000원 기준)으로 불안한 상태가 이어졌다.

불곰의 투자 Tip!
당분간은 관망하는 자세가 필요하다고 판단된다. 관심 종목에 넣어놓고 저가 매수 타이밍을 노려보자.

📊 Statistics·Financial Part(통계 및 재무제표)

2020년 3월 5일 PER는 28.20이다. 참고로 예상 PER$^{FD PER, Forwarding}$ $^{Diluted PER}$를 구해보면 2020년 2월 18일 2019년 4분기 콘퍼런스콜에서 발표한 2020년 예상 당기순이익이 7,600만~8,000만 달러이니 FD PER는 15~16 정도가 된다. 다른 종목에 비하면 낮은 PER라 할 수 있다. 당기순이익률은 39.10%, 영업이익률은 38.13%로 매우 높다. 또한 계산을 해보면 부채비율도 21%로 나와 재무구조가 안정적이다.

Profitability

Profit Margin	39.10%
Operating Margin (ttm)	38.13%

출처: 야후파이낸스 Statistics

Balance Sheet (All numbers in thousands)

Breakdown	12/30/2019	12/30/2018
Total Liabilities	38,582	36,380
∨ Stockholders' Equity		
Common Stock	93	74
Retained Earnings	93,986	32,971
Accumulated other comprehensive Income	124	66
Total Stockholders' Equity	176,066	43,263

출처: 야후파이낸스 Financials

최근 연도별 매출, 영업이익, 당기순이익의 성장이 폭발적이다. 2017년 대비 2018년 매출이 2배 성장, 2019년은 전년 대비 1.5배 성장했다. 2020년 역시 전년 대비 1.5배 성장을 예상한다. 다만, 코로나19 바이러스 영향이 2020년 실적에 어떻게 반영될지가 중요 요인으로 작용할 것이다. 지켜보고 투자해도 늦지 않을 것으로 판단된다.

Income Statement (All numbers in thousands)

Breakdown	TTM	12/30/2019	12/30/2018	12/30/2017
Total Revenue	156,361	156,361	100,162	53,456
Cost of Revenue	20,238	20,238	15,057	9,053
Gross Profit	136,123	136,123	85,105	44,403
∨ Operating Expenses				
Research Development	5,699	5,699	4,180	2,575
Selling General and Administrative	70,806	70,806	49,436	32,878
Total Operating Expenses	76,505	76,505	53,616	35,453
Operating Income or Loss	59,618	59,618	31,489	8,950
Total Other Income/Expenses Net			−8,000	
Income Before Tax	62,041	62,041	23,625	9,799
Income Tax Expense	883	883	1,260	980
Income from Continuing Operations	61,158	61,158	22,365	8,819
Net Income	61,158	61,158	22,365	8,819

출처: 야후파이낸스 Financials – Income Statement

⚞ 인모드의 킬러 제품들

회사의 성장성은 혁신적인 제품의 유무와 직결되는 경우가 많다. 인모드의 최신 제품인 'Morpheus8'은 피하지방 개질 장치로 피부 속 콜라겐의 질을 개선하는 장비다. 이 장비가 미국 미용시장에 신선한 바람을 일으키고 있다고 한다. 인모드 광고에서는 업계 최고의 기술라인이라고 설명하고 있다.

눈 밑 주름과 코나 입 주변 등 작은 부위의 지방을 제거하는 장비인 'Accutite'는 최소 침습법으로 일회용 바늘을 이용한다. 새로운 성장동력 제품으로 'Evoke face'와 'Evoke chin'도 있다. 경쟁 제품이 없는 영역으로 절개하지 않는 비침습 방식 치료가 가능한 최초의 핸즈프리 제품이다. 고객이 시술을 받는 동안 시술자는 다른 환자도 치료할 수 있어 큰 호응을 얻고 있다.

인모드의 성장성을 견인하는 제품

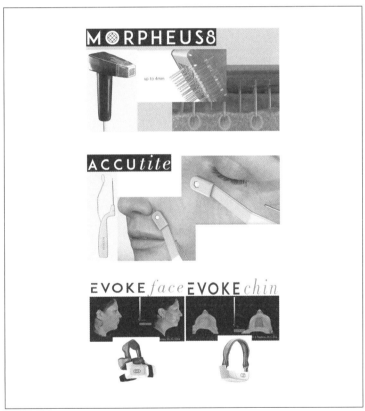

출처: 인모드 홈페이지

﹌ 콘퍼런스콜

2020년 2월 18일 진행된 2019년 4분기 콘퍼런스콜 내용 중 코로나19 영향에 대한 질문이 있었다. CEO의 답변을 요약하면 다음과 같다.

첫째, 아시아·태평양 지역의 매출 감소는 분명히 있을 것이다. 아시아 메디컬 콘퍼런스가 취소되고 있어서다. 이 부분을 고려해서 2020년 예상 매출과 당기순이익을 발표한 것이다.

둘째, 중국에서 생산 중인 몇몇 부품은 유럽과 다른 국가를 통해 매수할 것이다. 제품 생산에 영향이 없도록 할 것이다.

셋째, 중국 식약청CFDA이 문을 닫은 상태로 우리 제품의 승인이 이루어지지 않고 있다. 이것은 좋은 소식으로 중국 시장에서 우리 제품이 아직 판매되고 있진 않다.

세 번째는 유머러스한 표현으로, 코로나19 사태가 진정되어 중국에서 판매가 시작되면 매출이 폭발적으로 증가하리라는 점을 돌려서 표현한 것이다.

📈 Chart Part(차트)

2019년 60세에 가까운 폴라 압둘의 변화된 모습이 화제가 돼 인모드 안티에이징 기술의 우수성이 알려지면서 주가도 상승했다. 국내 성형외과에도 많이 들어와 있다.

최근 코로나19로 주가가 많이 하락한 상태다. 인모드가 향후 중국 시장에 진출해 어떤 성과를 내는지를 특히 관심 있게 지켜보자!

출처: 야후파이낸스 Chart

마이크로소프트(MSFT): 공룡 기업의 기민한 변신

불곰의 관심 종목 발표일 ➤ 2020년 3월 20일

마이크로소프트(Microsoft) 개요

어도비와 함께 불곰주식연구소에서 가장 많이 사용하는 프로그램이 마이크로소프트의 오피스Office 제품군이다. 워드, 엑셀, 파워포인트다. 이 제품보다 더 많이 사용하는 것이 있는데, 바로 운영체제인 윈도Windows다. 애플의 매킨토시를 사용하는 것이 아니라면 윈도를 사용하지 않는 컴퓨터는 없다고 보면 된다. 마이크로소프트가 다섯 번째 관심 종목이 된 이유다.

모두 알고 있듯이, 마이크로소프트는 1975년 빌 게이츠Bill Gates와 폴 앨런Paul Allen이 설립한 회사다. IBM PC용 운영체제 개발 의뢰를 받아 만든 MS-DOSMicrosoft Disk Operating System가 1981년 대중화되면서 인기를 얻어 빠르게 성장했다. 이후 개발한 MS-윈도가 현재 전 세계 90%의 개인용 컴퓨터에서 쓰이고 있을 정도로 개인용 운영체제 시장을 거의 점유했다. MS-오피스 프로그램 역시 전 세계적으로 많은 사용자가 사용하고 있는 만큼 마이크로소프트는 거대 소프트웨어 기업으로 성장했다.

2001년 엑스박스Xbox 게임기를 출시했고, 2011년 스카이프Skype를 85억 달러에 인수했다. 이어 2016년에는 링크드인을 262억 달러에 인수하면서 플랫폼 사업 확대를 모색했다.

종목 정보 분석하기

1986년 나스닥에 상장할 때 공모 가격은 21달러였다. 2020년 3월 20일 가격이 140달러이니 7배 상승한 것으로 기간 대비 큰 성장이 아닌 것으로 오해할 수 있는데, 여러 번의 액면분할이 있었다는 점을 고려해야 한다. 액면분할을 적용하면 공모 가격은 0.08달러가 된다. 결과적으로 1,500배 이상의 엄청난 상승을 한 것이다. 오늘날 전 세계 시가총액 1~2위를 차지하는 거대 기업이면서 지속적으로 성장 중인 대단한 기업이다.

ᴊᴵᴵ 콘퍼런스콜

마이크로소프트의 사업 분야는 크게 세 가지로 구분한다.

첫 번째는 '프로덕티비티 & 비즈니스 프로세스Productivity and Business Processes'로 오피스 365, 링크드인, 다이내믹스 등을 포함하는 소프트웨어 및 플랫폼 사업이다. 특히 마이크로소프트 오피스는 유명한 제품으로 전 세계인이 사용한다. 그동안은 불법 사용자가 많아 문제였으나 이를 월간 또는 연간 형태의 구독 시스템인 오피스 365 유료 서비스로 교체하면서 불법 사용자 수가 줄고 매출 성장이 지속되고 있다. 2016년 262억 달러를 주고 인수한 링크드인은 세계 최대의 구인·구직 플랫폼으로 꾸준한 성장을 보이고 있다.

두 번째는 '인텔리전트 클라우드Intelligent Cloud'로, 클라우드 플랫폼인 애저Azure 서비스다. 직전 연도 대비 60% 이상의 지속 성장을 이어가고 있다.

마이크로소프트가 서비스하고 있는 클라우드 애저는 고속 성장하는 미래 산업으로 애플리케이션 개발 및 클라우드 인프라 구축 등 다양한 분야를 지원한다. 2019년 기준 약 17%의 점유율로 2위를 차지하고 있으며, 세계 시장이 커짐에 따라 지속 성장할 것으로 기대된다. 2019년 181억 달러의 매출로 64% 성장했다.

세계 클라우드 서비스 시장 규모

(단위: 억 달러)

	2018년 지출	2018년 시장점유율	2019년 지출	2019년 시장점유율	전년 대비 성장률
아마존웹서비스(AWS)	254	32.7%	346	32.3%	36%
마이크로소프트 애저	110	14.2%	181	16.9%	63.9%
구글 클라우드	33	4.2%	62	5.8%	87.8%
알리바바 클라우드	32	4.1%	52	4.9%	63.8%
기타	349	44.8%	43	40.1%	23.3%
합계	778	100%	1071	100%	37.6%

출처: 카날리스 보고서

세 번째는 '모어 퍼스널 컴퓨팅More Personal Computing'이다. 대표적인 프로그램인 개인용 운영체제 윈도 10 버전이 이전 버전인 윈도 7과 8.1을 큰 문제 없이 대체하면서 PC 시장에서 자리를 잡아 점유율 50%를 차지하고 있다. 꾸준한 성장률을 보이며 높은 매출 비중을 차지하고 있다.

다음 표는 2020년 2분기(2019년 10월부터 12월까지) 콘퍼런스콜 내용 중 일부를 보여준다. 사업 분야별 성장률이 대부분 증가했다. 애저 매출이 가장 크게 증가했고, 오피스 365 30%, 서버 관련 32%, 윈도 18%, 링크드인 26% 등 전 분기 대비 최소 7%에서 최대 64% 성장했다. 엑스박스 게임기 분야에서만 9% 하락했다.

사업 분야별 성장률 세부 사항

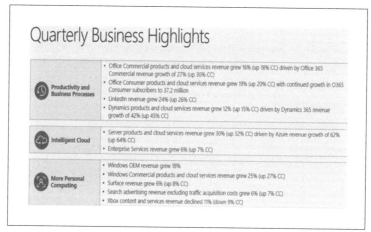

출처: 2020년 2분기 콘퍼런스콜

📊 Summary Part(요약)

최근 코로나19 사태로 미국 주식시장이 큰 폭의 등락을 반복하고 있다. 마이크로소프트의 주가도 188달러까지 오르고 있었지만 140달러 선까지 내려와, 코로나19로 인한 경제 위축의 영향을 받고 있음을 드러낸다.

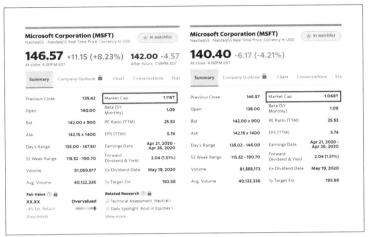

출처: 야후파이낸스 summary

마이크로소프트의 시가총액은 1T^{Trillion} 즉, 1조 달러다. 한국 돈
으로 1,000조 원이다(1달러 = 1,000원 기준). 국내 주식시장 1위인 삼성
전자의 시가총액이 약 300조 원이니 실로 엄청난 규모의 회사다.
그럼에도 PER는 25.53이다. 시가총액이 1,000조 원이니까 당기
순이익이 43조 원이라는 의미다. 순이익도 어마어마하다. 배당은
연 2.04달러로 분기별 0.5달러 정도를 지급한다.

🖾 Financial Part(재무제표)

최근 5년간의 실적을 보면 지속 성장을 하고 있음을 알 수 있다. 특히 클라우드 애저가 본격 서비스를 시작한 2017년부터 매출 증가 폭이 크게 확대됐다. 2016년 89조 원에서 2017년 110조 원으로 20% 이상 성장했다. 반면 매출원가는 크게 증가하지 않아 영업이익률이 상대적으로 높아졌다. 2015년 영업이익이 21조 원인데 2019년 영업이익이 49조 원이다. 2배 이상 성장한 것이다. 당기순이익 역시 2019년 44조 원으로, 2015년 16조 원에 비해 2배 이상 증가했다. 이처럼 덩치가 큰데도 여전히 성장을 지속하고 있다는 사실이 놀랍기만 하다.

Income Statement (All numbers in thousands)

Breakdown	TTM	6/29/2019	6/29/2018	6/29/2017	6/29/2016
Total Revenue	134,249,000	125,843,000	110,360,000	89,950,000	85,320,000
Cost of Revenue	43,346,000	42,910,000	38,353,000	34,261,000	32,780,000
Gross Profit	90,903,000	82,933,000	72,007,000	55,689,000	52,540,000
∨ Operating Expenses					
Research Development	17,997,000	16,876,000	14,726,000	13,037,000	11,988,000
Selling General and Administrative	23,583,000	23,098,000	22,223,000	20,020,000	19,260,000
Total Operating Expenses	41,580,000	39,974,000	36,949,000	33,057,000	31,248,000
Operating Income or Loss	49,323,000	42,959,000	35,058,000	22,632,000	21,292,000
Interest Expense	2,631,000	2,686,000	2,733,000	2,222,000	1,243,000

Total Other Income/ Expenses Net	3,161,000	3,415,000	4,149,000	2,739,000	-298,000
Income Before Tax	49,853,000	43,688,000	36,474,000	23,149,000	19,751,000
Income Tax Expense	5,530,000	4,448,000	19,903,000	1,945,000	2,953,000
Income from Continuing Operations	44,323,000	39,240,000	16,571,000	21,204,000	16,798,000
Net Income	44,323,000	39,240,000	16,571,000	21,204,000	16,798,000

출처: 야후파이낸스 Financials

📈 Statistics Part(통계)

마이크로소프트의 회계연도 결산일은 6월 말이다. 부채비율은 79%로 매우 좋다. 이 큰 기업을 운영하는 데 자금은 문제가 되지 않는다. 영업이익률 36%, 당기순이익률은 33%로 전체적인 이익률이 엄청 높다.

Financial Highlights

Fiscal Year

Fiscal Year Ends	Jun 29, 2019
Most Recent Quarter (mrq)	Dec 30, 2019

Profitability

Profit Margin	33.02%
Operating Margin (ttm)	36.74%

Income Statement

Revenue (ttm)	134.25B
Revenue Per Share (ttm)	17.56
Quarterly Revenue Growth (yoy)	13.70%
Gross Profit (ttm)	82.93B
EBITDA	61.26B
Net Income Avi to Common (ttm)	44.32B
Diluted EPS (ttm)	5.74
Quarterly Earnings Growth (yoy)	38.30%

Balance Sheet

Total Cash (mrq)	134.23B
Total Cash Per Share (mrq)	17.65
Total Debt (mrq)	87.15B
Total Debt/Equity (mrq)	79.15

Dividends & Splits

Forward Annual Dividend Rate 4	2.04
Forward Annual Dividend Yield 4	1.51%

출처: 야후파이낸스 Statistics

2013년 클라우드 서비스로 변경한 오피스 365는 학생과 교사는 무료로 사용할 수 있게 했다. 결과적으로 미래의 고객을 확보하기 위한 전략이다. 이 무료 이벤트가 전 세계 시장을 점유하는 비법 중 하나일 것이다. 해당 사업 분야의 매출이 폭발적이지는 않겠지만 지속 상승하는 캐시카우Cash Cow가 될 것이다. 큰 기업의 성장이 어디까지 갈지 지켜보는 것도 재미있지 않을까.

오피스 365의 무료 이벤트

출처: 마이크로소프트 홈페이지

써모피셔사이언티픽(TMO): 글로벌 과학을 선도하는 기업

불곰의 관심 종목 발표일 ➤ 2020년 5월 6일

써모피셔사이언티픽(Thermo Fisher Scientific) 개요

 코로나19 사태가 좀처럼 진정되지 않는 가운데, 국내 진단키트 제약사들의 주가 변동성이 매우 크게 나타나고 있다. 미국 시장의 진단키트 제약사들 상황도 살펴볼 필요가 있겠다 싶어서 국내 진단키트 업체인 씨젠과 동일한 사업 분야를 가지고 있는 써모피셔사이언티픽을 눈여겨보면서 6호 종목으로 선정했다.

써모피셔사이언티픽의 진단키트

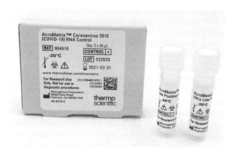

출처: 써모피셔사이언티픽 홈페이지

동사는 1956년 다양한 영역에 대한 분석 장비 및 서비스를 제공하는 회사인 써모일렉트론코퍼레이션Thermo Electron Corporation으로 설립됐다. 이후 2006년 실험도구 및 실험 서비스, 진단키트를 제공하는 생명공학회사인 피셔사이언티픽인터내셔널Fisher Scientific International과 합병하여 써모피셔사이언티픽이라는 회사가 됐다. 명실공히 글로벌 과학을 선도하는 기업이 된 것이다.

써모피셔사이언티픽은 전 세계 60여 개국, 약 7만 5,000명의 직원과 함께 연 매출 250억 달러 이상을 달성하는 세계적인 과학회사다. 고객들이 세상을 더욱 건강하고 깨끗하며 안전하게 만들 수 있도록 돕는다는 사명 아래 생명과학 분야 연구 촉진, 복잡한 분석 난제 해결, 환자 진단 개선 및 의약품 개발, 실험실 생산성 향상에 주력하고 있다.

다음과 같은 7개의 브랜드를 통해 다양한 제품과 서비스로 고객이 만족할 수 있는 혁신적인 기술, 매수 편의성, 포괄적인 서비스를 제공하고 있다.

주요 브랜드

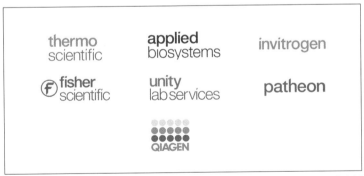

출처: 써모피셔사이언티픽 홈페이지

동사는 현재 코로나19 진단키트 생산과 분석, 치료제 및 백신 개발 관련 제품 및 서비스를 제공하고 있다. 그 밖에 여러 가지 연구 활동을 하고 있다.

코로나19 관련 제품 및 서비스

출처: 써모피셔사이언티픽 홈페이지

써모피셔사이언티픽에서 운영하는 쇼핑몰을 통해 관련 서비스를 받을 수 있다. 한국에서도 이용할 수 있도록 번역된 페이지를 제공하고 있다.

한국 쇼핑몰

출처: 써모피셔사이언티픽 홈페이지

종목 정보 분석하기

📈 Chart Part(차트)

이 종목 역시 코로나19 영향으로 주가가 급락했다가 단기간에 회복됐다. 2020년 5월 현재 주가는 336달러로 우상향하고 있다. 회사의 성장성을 투자자들이 알고 있다는 뜻으로 풀이하면 된다.

불곰의 투자 Tip!

일시적인 이슈로 하락한 주가는 그 가치가 변하지 않는 한 회복 속도가 빠를 뿐 아니라 상승 여력도 더 크다는 점을 기억하자.

📈 Summary Part(요약)

2020년 5월 6일 주가는 336달러, 시가총액 1,328억 3,000만 달러, 52주 최저가는 250달러, 최고가는 346달러다. PER는 36.87이고, 1년 배당금은 0.88달러다. 1년 목표 주가는 357.13달러로 실현 가능성이 있어 보인다.

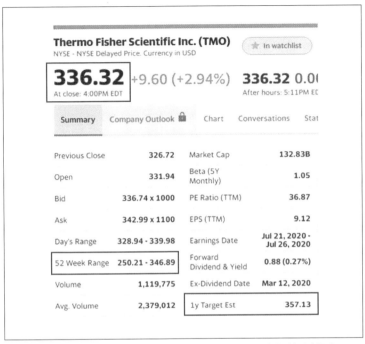

📈 Statistics·Financial Part(통계 및 재무제표)

회계연도 결산일은 12월 30일로 국내의 보편적인 회계연도와 동일하다. 수익률은 당기순이익률 14.31%, 영업이익률 16.63%로 앞서 추천한 종목에 비해 높지 않지만 꽤 좋은 수치다. 부채 28조원, 자본 29조 원으로 부채비율은 96% 정도다.

최근 12개월 매출은 25.65조 원, 매출총이익 11.3조 원, 당기순이익 3.6조 원의 실적을 기록했다. 배당금은 크지 않지만 추이를 보면 2017년 0.6달러, 2018년 0.66달러로 매년 증가하고 있다. 2020년 역시 전년 대비 약간의 증가가 있을 것으로 판단되지만 코로나19 영향으로 어떻게 될지는 두고 봐야 한다.

Financial Highlights

Fiscal Year

Fiscal Year Ends	Dec 30, 2019
Most Recent Quarter (mrq)	May 27, 2020

Profitability

Profit Margin	14.31%
Operating Margin (ttm)	16.63%

Income Statement

Revenue (ttm)	25.65B
Revenue Per Share (ttm)	64.24
Quarterly Revenue Growth (yoy)	1.70%
Gross Profit (ttm)	11.34B
EBITDA	6.56B
Net Income Avi to Common (ttm)	3.67B
Diluted EPS (ttm)	9.12
Quarterly Earnings Growth (yoy)	-3.30%

Balance Sheet (All numbers in thousands)

Breakdown

Total Liabilities	28,706,000
Stockholders' Equity	
Common Stock	434,000
Retained Earnings	22,092,000
Accumulated other comprehensive Income	-2,679,000
Total Stockholders' Equity	29,675,000

Amount per Share(배당)

2017	2018	2019	Q1-2020
$0.60	$0.66	$0.74	$0.19

출처: 야후파이낸스 Statistics, Financials

손익계산서를 연간으로 보면 기본적으로 5년간 자료가 나온다. 2016년 매출 18조 원, 2017년 20조 원, 2019년 25조 원으로 꾸준히 증가했다. 영업이익, 당기순이익 역시 증가했다. 2020년은 코로나19로 인해 어떤 실적표를 받아 들지 모른다. 이전처럼 증가할지 감소할지 지켜보면서 투자해야 한다.

Income Statement (All numbers in thousands)

Breakdown	TTM	12/30/2019	12/30/2018	12/30/2017	12/30/2016
Total Revenue	25,647,000	25,542,000	24,358,000	20,918,000	18,274,100
Cost of Revenue	14,161,000	14,214,000	13,501,000	11,473,000	9,905,000
Gross Profit	11,486,000	11,328,000	10,857,000	9,445,000	8,369,100
∨ Operating Expenses					
Research Development	1,000,000	1,003,000	967,000	888,000	754,800
Selling General and Administrative	5,867,000	6,144,000	6,057,000	5,492,000	4,975,900
Total Operating Expenses	7,292,000	7,147,000	7,024,000	6,380,000	5,730,700
Operating Income or Loss	4,194,000	4,181,000	3,833,000	3,065,000	2,638,400
Interest Expense	613,000	676,000	667,000	592,000	469,600
Total Other Income/ Expenses Net	307,000	341,000	−41,000	−125,000	−193,300
Income Before Tax	4,081,000	4,070,000	3,262,000	2,429,000	2,023,900
Income Tax Expense	412,000	374,000	324,000	201,000	−1,400
Income from Continuing Operations	3,669,000	3,696,000	2,938,000	2,228,000	2,025,300
Net Income	3,669,000	3,696,000	2,938,000	2,225,000	2,021,800

출처: 야후파이낸스 Financials – Income Statement

쇼피파이(SHOP): 온라인 쇼핑몰 구축의 최적 솔루션

불곰의 관심 종목 발표일 ➤ 2020년 7월 17일

쇼피파이(Shopify) 개요

 요즘 핫한 주식은 단연 테슬라가 아닌가 싶다. 주가 역시 거침없는 상승세를 보여주고 있다. 여러 가지 이유가 있 겠지만 불곰은 기술혁신, 즉 이노베이션이 가장 크게 작용했다고 생각한다. 애플과 테슬라는 기존의 틀을 바꿔버린 대표적인 혁신 기업이라고 볼 수 있다. 이번 관심 종목 역시 애플과 테슬라만큼의 가치가 있는 기업이다.

쇼피파이는 스노보드 마니아인 토비아스 뤼케Tobias Lütke가 개발한 온라인 쇼핑몰 플랫폼 회사다. 독일 청년 뤼케는 캐나다에서 만난 연인을 따라 캐나다로 이주해 고급 스노보드를 판매하고자 온라인 쇼핑몰을 만들기로 했다. 그러던 중 기존 업체들의 플랫폼에 문제 가 있음을 인지하고 직접 온라인 쇼핑몰을 구축하기로 했다. 그리 고 2006년 6월 낮은 비용에 몇 번의 클릭만으로도 쇼핑몰 구축이 가능한 서비스를 시작했다.

쇼피파이는 쇼핑몰을 운영하는 데 필요한 모든 기능을 제공한다. 국내 기업 중 카페24의 쇼핑몰 플랫폼 사업, 아마존의 플랫폼과도 유사하다. 그 밖에 네이버스토어와 비슷한 점도 있다.

아마존은 소비자 중심으로 매수가 이루어지는 플랫폼으로 판매자들끼리 치열한 가격 경쟁을 해야 한다. 그에 비해 쇼피파이는 판매자가 개별적으로 운영하는 쇼핑몰 개념으로 저마다 개성을 발휘하여 자율적인 판매를 할 수 있다.

2010년 애플앱스토어에 무료 앱을 출시하면서 시리즈 A 단계인 시드머니로 70억 원의 투자를 받았다. 2011년에는 시리즈 B인 기술이 본격적으로 상품화되는 단계로 150억 원, 2012년에는 시리즈 C인 시장을 확대하는 단계로 1,000억 원의 투자를 받으면서 성장했다.

2013년 전자결제 PG 사업인 쇼피파이 페이먼츠^{shopify Payments}를 출시하여 회원사들의 카드수수료를 인하했다.

종목 정보 분석하기

📊 Summary Part(요약)

2015년 4월 뉴욕증권거래소에 상장했으며 17달러에 거래가 개시됐다. 2020년 7월 17일 주가가 910달러로, 5년 만에 50배 이상 상승했다. 시가총액 107조 원의 글로벌 기업으로, 현대자동차의 시가총액이 23조 원이니 그보다 5배 정도 큰 회사다.

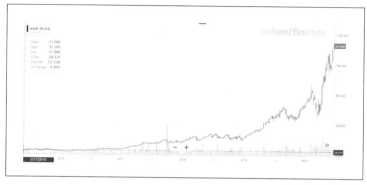

출처: 야후파이낸스 chart

PER가 없는 회사로 현재는 이익이 발생하지 않는 적자 기업이다. 적자가 지속되고 있지만 투자를 많이 받은 회사라 부채 4억 달러, 자본 30억 달러로 부채비율은 13%다. 재무구조가 매우 안정적이다. 이 회사가 향후 폭발적인 성장을 하리라고 믿고 있는 투자자들의 전폭적인 지원을 받아 금융권에 부채를 질 필요가 없었기 때문이다.

2017년 아마존과 쇼피파이가 판매 채널 시스템 통합을 발표했다. 아마존이 기존에 운영하던 웹스토어 플랫폼을 포기하고 쇼피파이 플랫폼을 이용하기로 한 것이다. 쇼피파이에 올라간 상품 정보를 수정하면 아마존에서도 업데이트가 되는 형태다. 채널별로 상품 등록을 하는 번거로움이 없어졌고, 소셜미디어에서 쇼핑으로 이어지도록 하는 기능 및 직접 연동하는 플랫폼을 제공하면서 쇼피파이의 규모가 더욱 커졌다.

2019년 페이스북, 구글, 스냅챗 등 대기업 광고를 쇼피파이 판매자가 직접 연결해서 관리할 수 있는 파트너십을 체결하면서 쇼피파이는 세계에서 가장 진보적인 소셜미디어 연동 쇼핑몰 플랫폼 회사가 됐다.

쇼피파이는 현재 적자 회사이지만 혁신적인 사업 모델로 폭발적인 성장을 보이고 있다. 투자를 위한 종목 선정 시 이런 회사도 고려할 필요가 있다고 보고 관심 종목에 편입했다.

⚮ IR 자료

현재 대표적인 쇼핑몰 기업으로 아마존과 이베이가 있다. 아마존은 물류유통과 빠른 배송이 강점인 회사이고, 이베이는 인터넷 경매 사이트로 출발해 지금은 세계 최대의 종합쇼핑몰 및 전자상거래 중개 사이트로 성장했다. 쇼피파이는 필요한 모든 기능을 제공하는, 전 세계 전자상거래 중소기업을 위한 쇼핑몰 구축 소프트웨어 플랫폼 회사다.

쇼피파이 플랫폼은 신뢰성 및 확장성 면에서 최고의 기능을 제공하며 기업 규모와 관계없이 활용할 수 있다. 대기업용 서비스인 쇼피파이 플러스 상품을 구글, 테슬라, GE 등이 이용하고 있다.

쇼피파이 서비스 구성은 구독 모델 형태로 월 이용료를 내고 사용하는 서브스크립션 솔루션subscription solution과 매출에 대한 거래수수료를 내는 머천트 솔루션Merchant solution이 있다. 이용료에는 온라인 쇼핑몰 구축 솔루션 외에 도메인 주소와 호스팅, 24시간 고객센터, 상품 등록 등을 포함하며 주문·배송·결제·관리·마케팅 등 사업 운영에 필요한 서비스 기능 역시 포함되어 있다. 따라서 쇼핑몰 운영자는 상품 제작 및 판매에 더 집중할 수 있다.

서비스 가격은 베이식, 쇼피파이, 어드밴스, 쇼피파이 플러스로 구성되어 있다. 가격이 올라갈수록 제공하는 기능이 많아지고, 거래수수료는 내려간다.

쇼피파이 서비스의 가격 정책

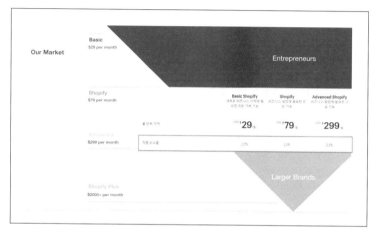

출처: 쇼피파이 IR 자료

서비스 특징으로 서치 엔진 최적화를 통해 쇼핑몰 검색이 더 잘 되도록 했으며, 오프라인과 온라인 쇼핑몰을 함께 관리할 수 있는 POS 기능의 소프트웨어와 단말기를 제공한다는 점을 들 수 있다.

더불어 전 세계적으로 쇼피파이를 이용하는 사람들이 많아 관련 디자이너 및 개발자도 상당히 많은 편이다. 이들은 쇼피파이가 제공하는 기본 툴 외에 원하는 기능들을 유료로 추가할 수 있다.

추가 가능한 유료 기능

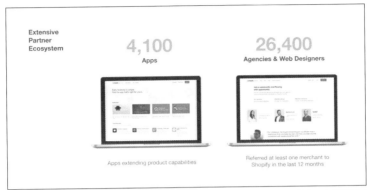

출처: 쇼피파이 IR 자료

    쇼피파이의 가장 큰 혁신은 쇼핑몰 운영체계를 완성했다는 점이다. 이를 통해 매출과 시장점유율을 점진적으로 높이고 있다. 마켓 포지션상으로 2019년 미국 소매 매출 순위표 이커머스 부문에서 이베이를 제치고 당당히 2위를 차지할 정도다.

미국 소매 매출에서의 마켓 포지션

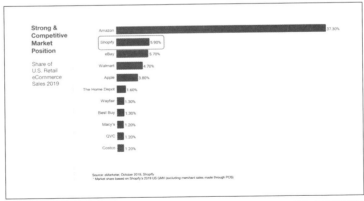

출처: 쇼피파이 IR 자료

쇼피파이의 강한 매출 성장세는 놀라울 정도다. 다음 그림에서 알 수 있듯이 2015년 2억 달러에서 2016년 3억 9,000달러로 90% 성장했다. 이후로도 매년 가파르게 성장하고 있다. 최근 1분기 매출 역시 전년 동기 대비 47% 증가하면서 어마어마한 성장세를 보여주고 있다. 어디까지 갈지 궁금하다.

가파른 매출 성장세

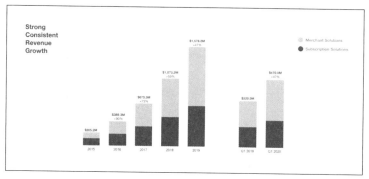

출처: 쇼피파이 IR 자료

월 순환 매출^{Monthly Recurring Revenue} 역시 연평균 50%의 성장률을 나타내고 있는데, 이는 쇼피파이 이용자가 매월 크게 증가하고 있음을 보여준다. 그 성장세가 쇼피파이의 가치를 나타낸다. 지금까지 적자이지만 투자자들이 쇼피파이를 믿고 있는 이유가 이것이며, 주가가 이를 말해주고 있다.

월 순환 매출의 성장률

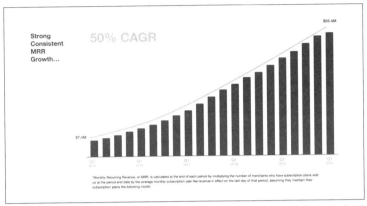

📊 Financial Part(재무제표)

쇼피파이의 연도별 매출 추이를 보면 2016년 3.8억 달러, 2017년 6.7억 달러, 2019년 15억 달러로 매년 50% 정도의 성장을 지속하고 있다. 앞으로 얼마나 성장할지 기대하게 한다. 다만, 영업이익은 여전히 적자다.

Income Statement (All numbers in thousands)

Breakdown	TTM	12/30/2019	12/30/2018	12/30/2017	12/30/2016
Total Revenue	1,727,692	1,578,173	1,073,229	673,304	389,330
Cost of Revenue	785,390	712,530	476,962	293,051	179,835
Gross Profit	942,302	865,643	596,267	380,253	209,495
> Operating Expenses	1,120,892	1,006,790	688,187	429,410	246,660
Operating Income	-178,590	-141,147	-91,920	-49,157	-37,165

출처: 야후파이낸스 Financials – Income Statement

2020년 1분기 매출은 4.7억 달러, 매출이익은 2.5억 달러로 전년 대비 매출이 47% 성장했다. 쇼피파이 CFO가 2020년 1분기 콘퍼런스콜에서 밝힌 바에 따르면 구독 솔루션이 34% 증가하고 월 순환 매출이 전년 대비 25% 성장한 결과라고 한다. 즉 새로운 가입자가 꾸준히 증가했다는 뜻이다. 이처럼 쇼피파이의 성장은 미래형이다.

Income Statement (All numbers in thousands)

Breakdown	TTM	3/30/2020	12/30/2019	9/29/2019	6/29/2019
Total Revenue	1,727,692	470,001	505,160	390,552	361,979
Cost of Revenue	785,390	213,051	241,269	173,856	157,214
Gross Profit	942,302	256,950	263,891	216,696	204,765

GAAP Gross Profit

2017	2018	2019	Q1 2019	Q1 2020
380,253	596,267	865,643	180,291	256,950

Revenue grew 47% in our first quarter to $470 million, subscription solutions revenue increased 34% year-over-year to $187.6 million. Monthly recurring revenue grew 25% year-over-year to $55.4 million, primarily driven by new merchants joining the platform.

출처: 야후파이낸스 Financials – Income Statement 및 2020년 1분기 콘퍼런스콜

쇼피파이는 혁신적인 쇼핑몰 운영 시스템으로 온라인 쇼핑몰 시장의 트렌드 변화를 주도하고 있다. 그 영향으로 온라인 쇼핑몰 규모가 폭발적으로 커지고 있다. 코로나19의 발생을 계기로 모든 산

업의 패러다임이 급변하고 있는 상황에서 쇼피파이가 만들어가는 혁신적인 온라인 문화에 투자자로서 관심을 가져볼 만하다.

엔비디아(NVDA): 그래픽카드로 인텔을 제치다

불곰의 관심 종목 발표일 ▶ 2020년 8월 7일

엔비디아(Nvidia) 개요

 미국 주식을 공부하면 할수록 한국 주식과는 결이 다르다는 걸 느끼게 된다. 국내 주식의 경우 불곰의 투자 기준은 FD PER 10 이하, 부채비율 100% 이하를 기본으로 성장성이 있어야 한다는 것이다.

하지만 미국 시장에서 투자 종목을 선정할 때는 저PER를 기준에 포함하지 않는다. 앞서 발표한 종목을 보더라도 PER가 기준에 부합하지 않는다. 가장 중요한 투자 포인트는 성장성과 혁신성이라고 생각한다. 혁신으로 인해 세상이 변하고 산업의 패러다임이 바뀌기 때문이다. 예를 들면 전 세계 자동차회사 시가총액 1위인 일본 토요타의 시가총액을 넘어선 테슬라, 엔터테인먼트의 최강자 월트디즈니의 시가총액을 위협하고 있는 넷플릭스, 미국 온라인 쇼핑몰 양대 산맥 중 하나인 이베이의 시가총액을 넘어선 쇼피파이 등이 있다.

이처럼 혁신성이 강조되는 곳이 미국 주식시장이다. 이번 관심
종목도 혁신적인 변화를 이끄는 기업 중 하나로, 그래픽카드의 최
강자 엔비디아다.

혁신으로 최강자가 된 기업들

출처: 야후파이낸스 Summary

종목 정보 분석하기

📊 Summary Part(요약)

엔비디아는 반도체회사로 유명한 인텔의 시가총액을 넘어섰다. 2020
년 8월 7일(한국 시각) 주가는 451달러이며, 시가총액은 277조 원이다.

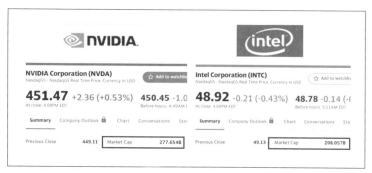

출처: 야후파이낸스 Summary

엔비디아는 1993년 젠슨 황(Jensen Huang) 외 3명이 공동 설립했고, 1999년 1월 나스닥에 상장해 12달러에 거래가 개시됐다.

주요 제품으로는 '지포스' 시리즈의 그래픽카드 칩세트와 고성능 컴퓨팅용 카드인 '테슬라' 시리즈, 닌텐도 스위치 라이트 등에 들어가는 애플리케이션 프로세서(AP)인 '테그라', 슈퍼컴퓨터용 GPU 등이 있다. 2007년 이전까지는 그래픽 칩을 공급하는 회사였지만 이후 딥러닝 기술, 자율주행차 및 게임콘솔 같은 미래 기술 장치에 최고의 컴퓨팅 성능을 제공하는 인공지능 플랫폼 제조 업체로 변신했다.

엔비디아는 현재 자율주행 자동차 부문에서 1위를 달리고 있다. 테슬라, 아우디, 벤츠, 볼보, 보쉬, ZF와 자율주행차의 GPU 프로세서 공급을 위한 협약을 체결하여 드라이버 PX를 공급하고 있다. 반도체 분야에서도 제조공장을 가지고 있지 않은 팹리스 회사 가운데는 독보적인 1위다.

그래픽카드 GTX 1070

출처: Pixabay

📊 Statistics·Financial Part(통계 및 재무제표)

엔비디아의 자산은 17조 원, 부채는 5조 원, 자본 12조 원으로 부채비율 42%다. 재무안정성이 매우 양호하다. 또한 당기순이익률 28%, 영업이익률 29%로 높은 이익률을 유지하고 있다.

엔비디아의 회계연도 결산일은 1월 25일이다. 따라서 2020년도 회계연도가 2020년 1월 25일에 끝나기 때문에 2020년 1월 26일부터 4월 25일까지가 2021년 1분기가 된다.

Financial Highlights

Fiscal Year

Fiscal Year Ends	Jan 25, 2020
Most Recent Quarter (mrq)	Apr 25, 2020

Profitability

Profit Margin	28.18%
Operating Margin (ttm)	29.41%

Balance Sheet (All numbers in thousands)

Breakdown	1/30/2020
> Assets	17,315,000
∨ Liabilities and stockholders' equity	17,315,000
> Liabilities	5,111,000
> Stockholders' Equity	12,204,000
Total liabilities and stockholders' equity	17,315,000

출처: 야후파이낸스 Statistics, Financials

엔비디아의 연도별 매출과 당기순이익 현황에 따라 주가가 어떻게 움직이는지 확인해보자. 2005년부터 2007년까지 실적이 증가하니 주가도 상승했다. 2008년은 리먼브러더스 사태로 금융위기가 촉발돼 주가 하락이 있었다. 그 영향으로 2015년까지 투자자들의 기대에 미치지 못해 주가가 크게 상승하지 못했다. 2017년부터 폭발적인 매출 성장과 당기순이익 증가로 주가가 크게 상승했는데, 이것이 가능했던 원동력은 그래픽카드다. 가상화폐의 등장으로 채굴을 위한 고성능 GPU 그래픽카드의 수요가 급증하면서 매출이 크게 증가한 것이다.

연도별 매출, 당기순이익, 주가 현황

Year	Revenue in mil. USD$	Net income in mil. USD$	Total assets in mil. USD$	Price per share in USD$	Employees
2005	2,010	89	1,629	8.81	
2006	2,376	301	1,955	16.76	
2007	3,069	449	2,675	25.68	
2008	4,098	798	3,748	14.77	
2009	3,425	- 30	3,351	10.97	
2010	3,326	- 68	3,586	12.56	
2011	3,543	253	4,495	15.63	
2012	3,998	581	5,553	12.52	
2013	4,280	563	6,412	13.38	5,783
2014	4,130	440	7,251	17.83	6,384
2015	4,682	631	7,201	23.20	6,658
2016	5,010	614	7,370	53.33	6,566
2017	6,910	1,666	9,841	149.38	7,282
2018	9,714	3,047	11,241	245.75	11,528

출처: 위키피디아

손익계산서를 보면 매출이 2018년 9조 7,000억 원에서 2019년 11조 7,000억 원으로 많이 증가했다. 2020년 매출이 10조 9,000억 원으로 소폭 감소세를 보인 것은 가상화폐 시장의 하락세 때문이다. 최근 매출은 TTM 기준으로 회복세를 보이고 있다.

Income Statement (All numbers in thousands)

Breakdown	TTM	1/30/2020	1/30/2019	1/30/2018
> Total Revenue	11,778,000	10,918,000	11,716,000	9,714,000
Cost of Revenue	4,302,000	4,150,000	4,545,000	3,892,000
Gross Profit	7,476,000	6,768,000	7,171,000	5,822,000
> Operating Expenses	4,012,000	3,922,000	3,367,000	2,612,000
Operating Income	3,464,000	2,846,000	3,804,000	3,210,000
> Net Non Operating Interest Income Expense	101,000	126,000	78,000	8,000
> Other Income Expense	–	–2,000	14,000	–22,000
Pretax Income	3,562,000	2,970,000	3,896,000	3,196,000
Tax Provision	243,000	174,000	–245,000	149,000
> Net Income Common Stockholders	3,319,000	2,796,000	4,141,000	3,047,000

출처: 야후파이낸스 Financials – Income Statement

📈 콘퍼런스콜

2021년 1분기(2020.1.26~4.25) 콘퍼런스콜 내용에서 실적을 회계기준GAAP과 비회계기준Non-GAAP으로 각각 발표했다.

Q1 Fiscal 2021 Summary

GAAP					
($ in millions, except earnings per share)	Q1 FY21	Q4 FY20	Q1 FY20	Q/Q	Y/Y
Revenue	$3,080	$3,105	$2,220	Down 1%	Up 39%
Gross margin	65.1 %	64.9 %	58.4 %	Up 20 bps	Up 670 bps
Operating expenses	$1,028	$1,025	$938	--	Up 10%
Operating income	$976	$990	$358	Down 1%	Up 173%
Net income	$917	$950	$394	Down 3%	Up 133%
Diluted earnings per share	$1.47	$1.53	$0.64	Down 4%	Up 130%

Non-GAAP					
($ in millions, except earnings per share)	Q1 FY21	Q4 FY20	Q1 FY20	Q/Q	Y/Y
Revenue	$3,080	$3,105	$2,220	Down 1%	Up 39%
Gross margin	65.8 %	65.4 %	59.0 %	Up 40 bps	Up 680 bps
Operating expenses	$821	$810	$753	Up 1%	Up 9%
Operating income	$1,205	$1,220	$557	Down 1%	Up 116%
Net income	$1,120	$1,172	$543	Down 4%	Up 106%
Diluted earnings per share	$1.80	$1.89	$0.88	Down 5%	Up 105%

출처: 2021년 1사분기 콘퍼런스콜

불곰의 투자 Tip!

앞서도 간략히 언급했듯이 GAAP은 일반회계기준으로, 불곰이 분석에 활용하는 자료다. Non-GAAP은 매년 반복적으로 발생하지 않는 일회성 지출을 제외하고 작성된다. 천재지변이나 갑작스러운 사건, 이슈가 발생하여 지출한 비용은 포함하지 않는다. 그래서 회사의 재무 성과를 잘 나타낼 수 있어서 회사를 분석하는 데 참고할 수 있다. 다만, 실적에 부정적인 영향을 주는 것이 있을 때 고의로 제외할 수 있다는 단점이 있다. 그래서 대부분 Non-GAAP의 실적이 좋게 나오는 것을 볼 수 있다.

엔비디아가 성장을 지속할 수 있을지 의구심이 드는 사람도 있을 것이다. 지금도 주가가 높다고 생각하는 투자자들이 많다. 하지만 불곰은 앞으로도 성장을 지속할 것으로 본다. 왜냐하면 관련 분야 세계 최고의 기술을 가진 기업들을 끊임없이 인수하여 혁신성을 보강하고 있기 때문이다.

2000년에는 경쟁사이자 부두Voodoo 시리즈로 유명한 3dfx, 2003년에는 무선 그래픽 업체인 미디어QMedia Q, 2005년에는 대만의 코어 로직 개발 업체인 ULi 일렉트로닉스, 2006년에는 그래픽 소프트웨어 전문 회사 HYBRID 그래픽스, 2007년에는 펌웨어 개발사인 포털플레이어Portalplayer, 2008년에는 게임 물리 기술 개발사 에이지아Ageia를 인수했다. 게임 물리 기술이란 쉽게 말해 앵그리버드에 적용된 기술이라 생각하면 된다. 2013년에는 고성능 컴퓨팅을 위한 컴파일러의 선도적 회사인 더 포틀랜드 그룹The Portland Group을 인수하여 자동차 GPU 성능을 발전시켰다.

그리고 2020년에는 고성능 네트워킹 기술 회사인 이스라엘의 멜라녹스Mellanox를 인수함으로써 슈퍼컴퓨터를 위한 GPU 성능을 극대화하면서 AI 및 데이터센터 비즈니스를 강화했다. 엔비디아의 차세대 사업부문으로 떠오르고 있는 데이터센터 사업은 자율주행차 부문, 로봇 분야, 산업용 AI 애플리케이션 등이 포함된다. GPU를 실행하는 네트워크의 병목현상을 해결하는 고속 네트워킹 기술 분야의 전문 기업인 멜라녹스를 인수한 것은 세상을 변화시키기에 충분해 보인다.

최근 떠오르는 뜨거운 감자가 있다. 바로 영국 회사인 ARM이다. ARM은 반도체 전문 회사로 시스템 플랫폼과 SoC를 개발하는 팹리스 회사다. 주로 라이선스를 제공하고 로열티를 받는다. 대표적인 상품으로 스마트폰 등 모바일 디바이스의 AP로 사용되는 Cortex 아키텍처 등이 있다. 이 회사를 2016년 소프트뱅크가 33조 원에 인수했는데, 최근 소프트뱅크가 어려워지면서 매물로 내놓았다. 이에 엔비디아가 소프트뱅크와 협상을 벌인다는 보도가 나오면서 인수설이 돌기 시작했다. 만약 엔비디아가 인수한다면 모바일 시장으로의 확장이나 기초 기술 확보 목적으로 볼 수 있다. 그러면 반도체 분야를 지속적으로 확장하고 있다는 것에 초점을 둘 수 있다. 이처럼 엔비디아의 새로운 기술에 대한 확장성을 볼 때 회사의 성장은 지속할 것으로 판단된다.

Chart Part(차트)

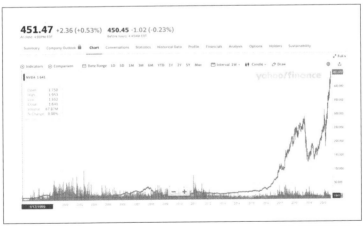

출처: 야후파이낸스 Chart

엔비디아는 1999년 상장 당시 12달러였는데 주식 액면분할을 통해 최종 1.641달러가 됐다. 2016년부터 주가가 큰 폭으로 상승했는데, 2019년 그래픽카드 재고 문제로 매출과 당기순이익이 소폭 감소하면서 급락했다가 다시 상승했다. 2020년 3월 코로나19 사태로 하락했지만, 빠른 회복을 보이면서 현재 최고가를 경신하는 중이다. 4차 산업혁명 시대 고급 기술을 가지고 있는 엔비디아의 사업 영역이 어디까지 확장될지 지켜보면서 투자 판단을 하면 될 것이다.

니콜라(NKLA): '사기 논란', 포스트 테슬라가 될 수 있을까?

불곰의 관심 종목 발표일 ➤ 2020년 8월 11일

니콜라(Nikola) 개요

 주식시장에 상장하는 방법에는 여러 가지가 있는데, 스팩SPAC, Special Purpose Acquisition company(기업인수목적회사)을 만들어 비상장 우량 기업을 합병해서 상장하는 방법도 그중 하나다. 스팩은 실제 사업이 존재하지 않는 페이퍼컴퍼니로 최종 목적이 기업 인수가 아니라 투자 차익을 얻는 것이다. 따라서 인수한 회사의 경영진을 그대로 유지하는 경우가 대부분이다. 불곰의 아홉 번째 관심 종목 니콜라가 바로 스팩을 통해 상장된 회사다.

니콜라는 2014년 서른두 살이던 트레버 밀턴Trevor Milton이 애리조나주 피닉스에 설립한 회사다. 2020년 6월 4일 스팩인 벡토IQVectoIQ와 합병하여 나스닥에 상장했다. 주요 사업은 수소자동차 개발로 메인 제품은 수소 트럭 및 수소 충전소다. 아직 완성차는 없고, 프로토타입인 니콜라원Nikola One 세미 트레일러를 공개하면서 상용차 사업계획을 발표한 상태다. 2020년 6월에는 수소-전기 하이브리드

픽업트럭인 니콜라 배저^{Nikola Badger}를 발표하고 선주문을 받기 시작했다. 또한 2021년 전기차 트럭 BEV, 2023년도 수소연료전지차 트럭 FCEV를 생산한다는 계획을 내놓았다.

출처: 니콜라 홈페이지

수소전기차의 특징은 엔진 대신 수소탱크를 가지고 수소와 산소가 화학반응을 통해 전기에너지를 발생시켜 모터를 구동한다는 점이다. 전기에너지를 이용한다는 것은 전기차와 같지만, 전기를 충전하지 않고 자체적으로 생산한다는 점이 전기차와 다르다. 니콜라는 전기차 대비 긴 주행거리인 1,920킬로미터를 1회 수소 충전으로 갈 수 있는 엔진을 개발한다는 전략이다. 대형 디젤 트럭의 연료주입 시간인 15분의 짧은 충전 시간, 전기배터리보다 가벼운

연료 장치로 차체 무게를 줄여 연비를 높였다. 대형 트럭과 버스에 유리하다. 또한 오염물질을 배출하지 않는 친환경 장치로, 물만 배출한다. 단점으로는 폭발 위험성을 꼽을 수 있는데, 도심 외곽에 충전소가 있어서 별문제 없다는 입장이다.

수소연료 자동차의 장점

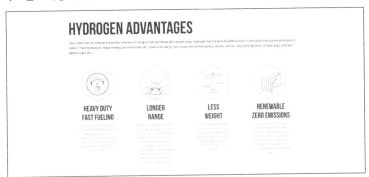

출처: 니콜라 홈페이지

니콜라는 2020년 6월 나스닥에 33달러에 상장되어 단 며칠 만에 93달러까지 최고점을 찍었다. 최고점 당시 시가총액 30조 원으로 미국의 대표 자동차회사이며 3위 업체인 포드자동차의 시가총액을 넘었다. 당시 대단한 이슈였고 '제2의 일론 머스크^{Elon Musk}', '포스트 테슬라'라는 말까지 나오면서 큰 주목을 받았다.

주요 주주로는 이탈리아 상용차의 대표 브랜드인 이베코^{IVECO}, 세계 최고의 자동차 부품 회사인 보쉬, 한국의 한화그룹 등이 있다. 한화는 6.13%의 지분인 1억 달러를 투자했다. 각자가 맡은 역할을 보면 니콜라는 배터리팩과 전동차축·차량 관리 부품·핵심 부품 등의 개발 및 생산, 이베코는 통합 생산, 보쉬는 파워트레인 생산, 한화종합화학은 태양열 패널 공급과 수소 충전소 설치 및 충전소 운영 등이다.

최근 전 세계적으로 그린에너지 이슈가 형성되고 있고, 미국에선 2040년까지 모든 신규 차량을 그린 자동차로 바꾼다는 계획을 내놓아 니콜라에는 호재로 작용하고 있다. 그 밖에 아마존과 UPS 등이 배송을 위한 트럭의 CO_2 배출량을 줄이기 위해 니콜라와 협력할 가능성이 있다는 점도 포인트다.

니콜라의 사업 전략은 트럭을 이용한 물류시장을 타깃으로 수소 충전소를 직접 설치하고 트럭 리스 방식으로 관련 비용을 회수한다는 것이다. 또한 미국 시장에서 가장 수익성이 좋은 픽업트럭 분야에 진출하여 시장을 주도한다는 계획이다.

종목 정보 분석하기

⩗ 콘퍼런스콜

상장 후 처음 가진 2020년 8월 4일 2분기 콘퍼런스콜의 내용을 보면 기업 목표는 무공해 운송 분야의 글로벌 리더가 되는 것이고, 주요 업무는 수소연료 전기자동차, 전기배터리 충전 시스템, 수소연료 충전소의 설계 및 제조다. 아이템에는 대형 상업용 트럭Heavy commercial trucks 판매 및 리스 운영이 있다. 실적은 GAAP 기준 주당 -0.33달러, Non-GAAP 기준 주당 -0.16달러다.

2분기 주요 진행 사항으로 Nel ASA사에 85메가와트 알칼리 전

해조 용량을 주문했는데 이는 트럭 1,100대에 공급되는 수소 40톤을 매일 생산할 수 있는 수소연료 충전소 5개 분량에 해당한다.

2021년부터는 이베코와 Nikola Tre BEV를 만들기 위해 독일 울름의 공장을 개조할 계획이다. 독일 공장에서는 매년 1만 대를 생산하여 유럽과 미국에 공급할 예정이라고 발표했다. 또한 6억 달러를 투자하여 2022년 이후 3만 5,000대를 생산할 공장을 애리조나주 쿨리지에 착공했다고 발표했다.

🔆 Summary Part(요약)

니콜라의 2020년 8월 7일 종가는 36.72달러로 2020년 6월 초 장중 최고가인 93.99달러를 찍고 계속 하락하고 있다. 2020년 8월 7일 시가총액은 약 139억 달러다(1달러 = 1,000원 기준).

출처: 야후파이낸스 summary

🔍 Financial Part(재무제표)

니콜라는 현재 실질적인 매출이 전혀 없는 데다가 공장설비 및 부대비용이 기하급수적으로 늘어나고 있기 때문에 적자가 지속적으로 증가하고 있다. 완성차가 나와 본격적으로 판매가 이뤄져야 매출과 이익이 생길 것이다.

Income Statement (All numbers in thousands)

Breakdown		6/29/2020	3/30/2020	6/29/2019
Total Revenue	−	36	58	13
Cost of Revenue	−	30	43	24
Gross Profit	−	6	15	-11
Operating Expense	−	86,648	32,031	17,198
Operating Income	−	-86,642	-32,016	-17,209
Net Non Operating Interest Income Expense	−	23	64	338
Other Income Expense	−	-23	-1,210	107
Pretax Income	−	-86,642	-33,162	-16,764

출처: 야후파이낸스 Financials – Income Statement

　　재무상태표를 보면 스팩 상장 전인 2020년 1분기에 자본이 완전히 잠식되어 있었으나 상장을 통해 모든 부채를 정리하고 환골탈태했다. 현재 7억 달러 정도의 가용현금을 보유하고 있다.

Balance Sheet (All numbers in thousands)

Breakdown	6/29/2020	3/30/2020
> Total Assets	925,040	237,970
> Total Liabilities Net Minority Interest	43,445	458,297
∨ Total Equity Gross Minority Interest	881,595	-220,327
> Stockholders' Equity	881,595	-220,327

출처: 야후파이낸스 Financials – Income Statement

6월 4일부터 6월 20일까지 한국 투자자들이 이 종목에 약 1억 2,000만 달러를 투자하여 해외 주식 순매수 종목 중에서 5위를 차지했다. 하지만 주가가 급락하여 8월 7일 종가를 기준으로 큰 폭의 평가손실을 기록하고 있다.

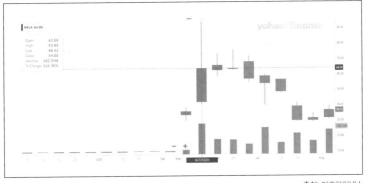

출처: 야후파이낸스

그렇다면 언제 투자 의사결정을 해야 할까? 조금 높은 가격에서 매수하게 되더라도, 니콜라의 약속을 지켜본 후에 투자 판단을 해도 늦지 않을 것으로 생각한다.

니콜라는 투자자들에게 수소차 상용화를 위하여 시기별로 진행할 업무에 대한 일정을 다음과 같이 제시했다.

- 2020년 말까지 니콜라 무공해 BEV 트럭에 대한 상업적 계약
- 2020년 말까지 배저 트럭의 OEM 파트너 결정
- 2020년 말까지 협력사와 수소 충전소 건설
- 2020년 말까지 독일 울름의 제조 시설 개조 완료
- 2021년 말까지 애리조나주 1단계 그린필드 제조 시설 완공
- 2021년 전기트럭 BEV 상용화
- 2023년까지 수소전기차 상용화 Model Two

주식시장에서는 테슬라에 견줄 만큼 혁신적인 기업이라는 투자 심리는 형성되어 있지만 과연 결과물을 만들어낼지에 대해서는 미지수라는 견해도 많다. 2020년 9월 15일에는 니콜라의 기술력에 관한 진위 여부로 논란이 일기도 했다. 만약 투자를 염두에 두고 있다면, 최소한 2020년 말까지 배저 트럭의 OEM 파트너를 결정할 수 있는지를 확인한 후 판단하라고 조언하고 싶다. 니콜라는 두 번에 걸쳐 수소자동차 시장의 리더인 현대자동차에 협력을 구했으나 현대자동차가 거절했다. 특히 배저 트럭의 예약 판매를 진행 중이기 때문에 OEM 파트너를 구하지 못하고 생산에 실패한다면 주식시장에서 니콜라에 대한 호감도는 급격히 저하될 것이다. 주식투자는 급하면 안 된다. 특히 니콜라에 대해서는 양극단의 견해가 존재하는 만큼, 지금까지 설명한 내용을 바탕으로 본인이 직접 판단한 뒤 투자 여부를 결정하길 바란다.

주식투자 대항해 시대

주식투자와 대항해 시대

주식투자는 대항해 시대에 생겨났다.

대항해 시대 후발주자였던 네덜란드는 아시아에서 향신료를 포함한 각종 진귀한 물품을 구해 오고 싶어 했다. 문제는 초기 자본이 너무 많이 들기 때문에 소수 귀족의 자금만으로는 충당할 수가 없다는 것이었다. 선원, 현지 인력, 군대 등을 운영하기에는 턱없이 부족했다.

1602년에 설립된 네덜란드 동인도회사가 불특정 다수에게 투자를 받음으로써 이 난관을 해결했다. 자본을 투자한 사람들은 투자했다는 증빙용으로 권리증서를 받았는데, 이것이 바로 오늘날의 주식이다.

네덜란드 동인도회사가 아시아에서 향신료를 가지고 오면, 주식을 가지고 있던 사람들은 투자한 금액만큼 배당을 받았다. 투자자 중에는 돈이 급하게 필요해서 권리증서를 팔고 싶어 하는 사람도 있었고, 그 증서를 사고 싶어 하는 사람들도 있었다. 그들이 모여

서 거래한 곳이 세계 최초의 증권거래소인 암스테르담 증권거래소
다. 대항해 시대는 주식투자의 기본적인 요소들이 모두 만들어진
시기라고 볼 수 있다.

개인 투자자의 대항해 시대

주식투자도 대항해 시대다.

대항해 시대가 세계화의 출발점이듯이, 개인 투자자에게는 지금이
투자의 대항해 시대다. 투자의 세계화가 시작됐다.

　과거에도 외국에 투자하는 사람들이 있었지만, 주로 기관이나
특별한 경우였다. 많은 제약이 있었다. 하지만 기술의 발전, 금융
제도의 진화, 사고의 변화로 누구나 외국 주식에 투자할 수 있게
됐다. 물류도 투자금도 자유롭게 이동하고 있으니 자연스러운 일
이다. 역사의 흐름이다. 글로벌 주식투자는 더 이상 낯선 개념이
아니다.

개인 투자자로서 이런 시대에 태어난 것은 행운이다. 세계적으로 투자함으로써 더 큰 관점에서 분산투자가 가능하고, 더 많은 수익을 거둘 기회가 있다. 위험성을 낮추면서, 수익을 늘릴 수 있다는 뜻이다. 저위험-고수익은 모든 투자자가 원하는 것 아닌가?

너무 희망적으로만 보는 것 같지만, 늘 순풍만 불지는 않으리라는 사실을 나 역시 알고 있다. 대항해 시대에도 그랬듯이, 많은 배가 태풍을 만날 것이다. 그래서 주식투자는 여유자금으로만 해야 하고, 기다릴 줄 알아야 한다. 항상 위기이거나 위기 전이지만, 모든 위기는 지나간다. 겁먹을 필요 없다. "우리는 바람의 방향을 바꿀 수는 없지만, 돛의 방향은 바꿀 수 있다"라고 선언한 사람도 있지 않은가. 이 책에 나와 있는 대로 이 주식투자 대항해 시대에 맞춰서 돛을 펼치면 된다.

불곰의 대항해

한국과 미국 주식에 계속 투자하면서, 그 외 나라에서도 투자 기회를 탐색해볼 생각이다. 투자할 회사가 중요한 것이지 국가가 중요한 것은 아니다. 과하게 욕심을 부리거나 무리하지는 않을 것이다. 불곰의 투자 방식은 '행복'과 '안전'에 기반을 두고 있기 때문이다. 베트남, 일본, 대만 또는 그 밖의 어떤 나라. 어디로 갈지 행복한 고민을 하고 있다. 여러 나라를 여행하면서 투자할 생각을 하니 벌써부터 설렌다.

불곰의 대항해, 닻을 올렸다.

미국 주식의 산업별 대표 종목 15선

일러두기

1. 야후 주식탐색기의 열 가지 산업분류를 이용하여 종목을 선정하되, 시가총액이 큰 기업을 중심으로 정리했다. 시가총액이 큰 기업일수록 재무구조가 안정적일 가능성이 크기 때문이다. 미국 기업은 시가총액이 커도 성장과 혁신을 추구하면서 매출과 이익성장률을 지속적으로 높이는 경우가 많다. 불곰의 미국 주식 9선(룰루레몬, 코파트, 어도비, 인모드, 마이크로소프트, 써모피셔사이언티픽, 쇼피파이, 엔비디아, 니콜라)과 본문에서 예로 제시한 주식들(디즈니, 테슬라)은 이 리스트에서 제외하였다.

2. 구루포커스닷컴(gurufocus.com)의 자료를 참고하여 과거 10년 평균 투자수익률이 10% 이상인 주요 투자 대가들을 찾아냈고, 불곰의 추천 종목에 투자한 대가가 있을 경우 그 이름을 함께 표시했다. 대표적인 투자 대가와 기관은 다음과 같다.

   워런 버핏(Warren Buffett) ▶ 투자회사 버크셔해서웨이(Berkshire Hathaway)의 CEO. '투자의 귀재'로 불리는 가치투자가
   - 운용 자산: 2,024억 달러
   - 10년 평균 수익률: 10.80%

   데이비드 테퍼(David Tepper) ▶ 헤지펀드 아팔루사매니지먼트(Appaloosa Management)의 설립자이자 CEO. 억만장자 사업가로 유명한 펀드 매니저
   - 운용 자산: 58억 달러
   - 10년 평균 수익률: 20.10%

   론 바론(Ron Baron) ▶ 바론캐피털(BaronCapital)의 CEO. 뮤추얼펀드 매니저이자 투자가
   - 운용 자산: 277억 달러
   - 10년 평균 수익률: 16.1%

   세스 클라먼(Seth Klarman) ▶ 바우포스트 그룹(Baupost Group LLC)의 최고경영자. 억만장자 투자가, 헤지펀드 매니저이자 작가
   - 운용 자산: 80억 달러
   - 10년 평균 수익률: 12.80%

   파나수스 인데버 펀드(Parnassus Endeavor Fund) ▶ 제롬 도슨(Jerome Dodson)이 운영하는 파나수스인베스트먼트(Parnassus Investments)의 펀드
   - 운용 자산: 26억 달러
   - 10년 평균 수익률: 13.80%

3. 2020년 7월 21일 야후파이낸스(Yahoo Finance) 데이터를 기준으로 하였으며, 영업이익 성장률을 보여주는 차트의 출처는 매크로트렌즈(macrotrends.net)이다.

4. 환율은 다음과 같이 적용하였다.
   - 미국 달러: 1USD = 1,000원
   - 유로 유로: 1EUR = 1,300원
   - 중국 위안: 1CNY = 170원
   - 멕시코 페소: 1MXN = 50원

산업별 선정 종목 리스트

1. 기술(Technology)
- 애플(AAPL)
- 세일즈포스닷컴(CRM)
- 브로드컴(AVGO)

2. 원자재(Basic Materials)
- 셔윈-윌리엄스(SHW)

3. 경기소비재(Consumer Cyclical)
- 아마존(AMZN)
- 알리바바(BABA)

4. 금융 서비스(Financial Services)
- 비자(V)
- JP모건 체이스 앤 컴퍼니(JPM)

5. 부동산(Real Estate)
- 에퀴닉스(EQIX)

6. 생활소비재(Consumer Defensive)
- 프록터앤갬블(PG)

7. 헬스케어(Healthcare)
- 인튜이티브 서지컬(ISRG)

8. 통신 서비스(Communication Services)
- 알파벳(GOOG)
- 넷플릭스(NFLX)

9. 에너지(Energy)
- 필립스66(PSX)

10. 산업재(Industrials)
- 페덱스(FDX)

기술
Technology

애플 Apple Inc.(AAPL)

➤ 주가	393.43달러(393,430원)	➤ 시가총액	1조 7,050억 달러(1,705조 원)
➤ 예상매출	2,680억 달러(268조 원)	➤ 영업이익률	25%
➤ 부채비율	308%(2020년 3월)	➤ 예상배당수익률	0.85%
➤ 예상PER	31배	➤ 투자 대가	워런 버핏, 론 바론, 파나수스

홈페이지: www.apple.com

1977년 미국 캘리포니아 쿠퍼티노에서 설립되어 세계 최고의 기술력과 세계에서 가장 가치 있는 브랜드를 가지고 있는 다국적 기술회사. 핸드폰, 컴퓨터, 소프트웨어와 여러 온라인 서비스를 디자인, 제조, 판매한다. 주요 제품으로는 아이폰·매킨토시·아이팟·아이패드·애플워치 등이 있으며, 애플에서 제공하는 서비스로는 앱스토어·애플뮤직·애플스토어·애플북·아이클라우드·애플페이 등이 있다.

최근 12개월 기준 영업이익

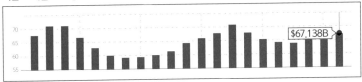

분기별 영업이익

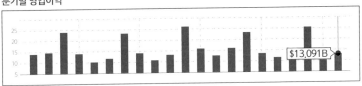

전년 동분기 대비 성장률

⚡ 세일즈포스닷컴 salesforce.com, inc.(CRM)

➤ 주가	195.09달러(195,090원)	➤ 시가총액	1,760억 달러(176조 원)
➤ 예상매출	180억 달러(18조 원)	➤ 영업이익률	1%
➤ 부채비율	55%(2020년 4월)	➤ 예상배당수익률	0%
➤ 예상PER	-	➤ 투자 대가	데이비드 테퍼, 론 바론

홈페이지: www.salesforce.com

1999년 미국에서 설립됐으며 고객관리 소프트웨어 전문 기업이다. 어도비, 구글 등과 함께 통합 비즈니스 솔루션을 개발하고 영업 및 마케팅을 통합하는 애플리케이션을 론칭했다. 이 분야에서 시장점유율 16%의 1위 기업이다. 주로 미국과 유럽에서 판매하고 있다.

최근 12개월 기준 영업이익

분기별 영업이익

전년 동분기 대비 성장률

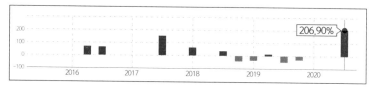

📈 브로드컴 Broadcom Inc.(AVGO)

➤ 주가	317.13달러(317,130원)	➤ 시가총액	1,280억 달러(128조 원)
➤ 예상매출	230억 달러(23조 원)	➤ 영업이익률	17%
➤ 부채비율	240%(2020년 4월)	➤ 예상배당수익률	4.16%
➤ 예상PER	57배	➤ 투자 대가	데이비드 테퍼

홈페이지: www.broadcom.com

1991년 설립됐으며, 광대역 통신용 집적회로를 판매하는 미국의 반도체 기업이다. 주 사업은 전자제품 및 스마트폰 기업에 IC칩을 OEM 공급하는 것이다. 주요 제품은 유무선 통신칩(Wi-Fi)이며 블루투스, RF의 송수신기도 생산한다. 인터넷 공유기에도 브로드컴의 칩셋이 들어간다. 전 세계 반도체 기업 중 5위이며, 퀄컴과 함께 네트워크 시스템 반도체 시장을 이끌고 있다. 주요 고객사는 삼성과 애플 등 스마트폰 제조사다.

최근 12개월 기준 영업이익

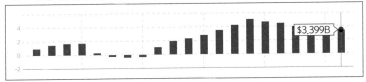

분기별 영업이익

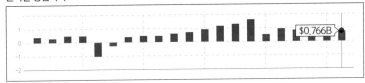

전년 동분기 대비 성장률

원자재
Basic Materials

📊 셔윈-윌리엄스 The Sherwin-Williams Company(SHW)

➤ 주가	608.08달러(608,080원)	➤ 시가총액	550억 달러(55조 원)
➤ 예상매출	180억 달러(18조 원)	➤ 영업이익률	14%
➤ 부채비율	525%(2020년 3월)	➤ 예상배당수익률	0.88%
➤ 예상PER	35배	➤ 투자 대가	론 바론

홈페이지: www.sherwin-williams.com

1866년 헨리 셔윈과 에드워드 윌리엄스가 설립한 일반 건축자재 산업 분야의 회사다. 주로 북미·남미·유럽의 도소매 고객에게 페인트, 코팅 및 관련 제품을 제조, 유통 및 판매한다. 더치보이, 크릴론, 듀플리 컬러, VHT, 민탁스, 톰슨 워터 세일즈, 프랫 앤 램버트, 화이트 라이트 라이닝, 퍼디, 쿨 실 등이 주요 브랜드다.

최근 12개월 기준 영업이익

분기별 영업이익

전년 동분기 대비 성장률

경기소비재
Consumer Cyclical

아마존 Amazon.com, Inc.(AMZN)

▶ 주가	3,196.84달러(3,196,840원)	▶ 시가총액	1조 5,950억 달러(1,595조 원)
▶ 예상매출	2,960억 달러(296조 원)	▶ 영업이익률	5%
▶ 부채비율	239%(2020년 3월)	▶ 예상배당수익률	–
▶ 예상PER	153배	▶ 투자 대가	데이비드 테퍼, 론 바론

홈페이지: www.amazon.com

1994년 제프 베조스가 설립한 미국 전자상거래 종합쇼핑몰이다. 태블릿PC, 스마트폰, 전자책 킨들, 클라우드 서비스, 음성인식 디바이스 사업을 영위하는 IT 기업이기도 하다. 1997년 나스닥에 상장하면서 크게 성장했으며 음반 사업, DVD 사업 등으로 카테고리를 확장했다. 2000년부터 오픈마켓으로 전환하면서 온라인 커머스 솔루션을 개발하여 제3자인 판매자가 직접 상품을 올리고 재고관리 및 판매를 할 수 있게 하고, 아마존은 결제·물류 서비스 등을 제공하고 수수료를 받았다. 시스템에 지속적으로 투자하여 물류 경쟁력을 높이고 있다.

최근 12개월 기준 영업이익

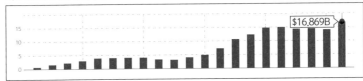

분기별 영업이익

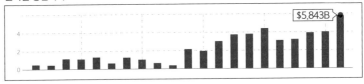

전년 동분기 대비 성장률

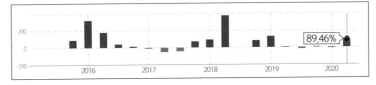

📈 알리바바 Alibaba Group Holding Limited(BABA)

➤ 주가	254.81달러(254,810원)	➤ 시가총액	6,870억 달러(687조 원)
➤ 예상매출	5,100억 위안(87조 원)	➤ 영업이익률	18%
➤ 부채비율	51%(2020년 3월)	➤ 예상배당수익률	–
➤ 예상PER	73배	➤ 투자 대가	데이비드 테퍼, 론 바론

홈페이지: www.alibabagroup.com

1999년 마윈이 설립한 중국 최대의 전자상거래 업체로, 2014년 뉴욕증권거래소에 상장했다. 타오바오와 알리바바닷컴 사이트를 운영 중인데 타오바오는 소비자를 대상으로 하는 전자상거래이고, 알리바바닷컴은 B2B 거래에 특화된 사이트로 대량 주문 판매를 많이 하는 도매상과 제조 공장들이 주로 이용한다. 알리익스프레스는 외국인 거래와 B2C 거래에 특화되어 있다. 알리바바는 신용카드나 은행 계좌를 통해 현금을 충전해 사용하는 금융 서비스 알리페이를 개발하여 소비자가 쉽게 물품을 구입할 수 있게 했다. 그 밖의 사업으로 알리바바픽처스, 알리클라우드, 알리뮤직 등이 있다.

최근 12개월 기준 영업이익

분기별 영업이익

전년 동분기 대비 성장률

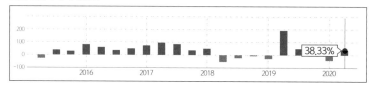

금융 서비스
Financial Services

📊 비자 Visa Inc.(V)

▸ 주가	198.47달러(198,470원)	**▸ 시가총액**	4,360억 달러(436조 원)
▸ 예상매출	240억 달러(24조 원)	**▸ 영업이익률**	67%
▸ 부채비율	108%(2020년 3월)	**▸ 예상배당수익률**	0.6%
▸ 예상PER	36배	**▸ 투자 대가**	워런 버핏, 론 바론

홈페이지: usa.visa.com

1958년 뱅크오브아메리카가 신용카드 '뱅크아메리카드'를 발행하면서 시작된 미국의 다국적 금융 서비스 회사다. 초기에는 캘리포니아주에서만 사용됐는데, 미국 내 다른 주의 은행들에 라이선스를 주면서 전 세계 금융기관들과도 제휴를 시작했다. 이후 통합관리를 위해 이 부문을 독립회사로 분리하고 'VISA'라는 새로운 이름의 글로벌 다국적 회사로 거듭났다. 주로 비자 브랜드 신용카드, 직불카드, 선불카드를 통해 국경을 넘어 쉽게 전자 자금 이체를 할 수 있게 한다.

최근 12개월 기준 영업이익

분기별 영업이익

전년 동분기 대비 성장률

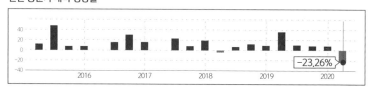

📈 JP모건 체이스 앤 컴퍼니 JPMorgan Chase & Co.(JPM)

▶ 주가	97.30달러(97,300원)	▶ 시가총액	2,970억 달러(297조 원)
▶ 예상매출	970억 달러(97조 원)	▶ 영업이익률	32%
▶ 부채비율	1,117%(2020년 6월)	▶ 예상배당수익률	3.7%
▶ 예상PER	13배	▶ 투자 대가	워런 버핏

홈페이지: www.jpmorganchase.com

존 피어폰 모건이 세운 회사로 세계에서 가장 오래된 금융회사 중 하나다. 미국의 4대 은행 중 하나이며, 미국 내 은행 업계 시가총액 1위를 차지하고 있다.

최근 12개월 기준 영업이익

분기별 영업이익

전년 동분기 대비 성장률

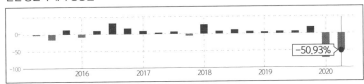

부동산
Real Estate

🏔 에퀴닉스 Equinix, Inc.(EQIX)

➤ 주가	731.84달러(731,840원)	➤ 시가총액	650억 달러(65조 원)
➤ 예상매출	60억 달러(6조 원)	➤ 영업이익률	19%
➤ 부채비율	172%(2020년 3월)	➤ 예상배당수익률	1.47%
➤ 예상PER	123배	➤ 투자 대가	론 바론

홈페이지: www.equinix.com

1998년 설립된 회사로 인터넷 연결 및 데이터센터 운영을 전문으로 한다. 전 세계 25개 국에 205개의 데이터센터를 보유하고 있다. 2015년 부동산투자신탁(REIT, Real Estate Investment Trust)으로 전환했다. 클라우드의 확산으로 에퀴닉스의 가치가 증가했다. 주요 고객사는 마이크로소프트(애저), 아마존(아마존웹 서비스), 구글(클라우드), 시스코, 오라클(클라우드) 등이 있다.

최근 12개월 기준 영업이익

$1.133B

분기별 영업이익

$0.282B

전년 동분기 대비 성장률

-3.42%

생활소비재
Consumer Defensive

📊 프록터앤갬블 The Procter & Gamble Company(PG)

▶주가	125.24달러(125,240원)	▶시가총액	3,100억 달러(310조 원)
▶예상매출	700억 달러(70조 원)	▶영업이익률	23%
▶부채비율	158%(2020년 3월)	▶예상배당수익률	2.53%
▶예상PER	67배	▶투자 대가	워런 버핏, 론 바론

홈페이지: www.pginvestor.com

1837년 양초를 만들던 윌리엄 프록터와 비누를 만들던 제임스 갬블이 공동 창업한 회사다. 미국의 생활용품 업체로 소비재 업계의 탑 브랜드이며, 보통 P&G로 불린다. 주요 제품 및 브랜드로 타이드, 페브리즈, 다우니, 위스퍼, 질레트, 오랄비, 아이보리, 브라운 등이 있다.

최근 12개월 기준 영업이익

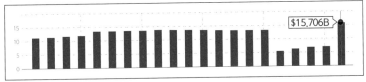

분기별 영업이익

전년 동분기 대비 성장률

헬스케어
Healthcare

📈 인튜이티브 서지컬 Intuitive Surgical, Inc.(ISRG)

➤ 주가	667.54달러(667,540원)	➤ 시가총액	778억 4,700만 달러 (77조 8,470억 원)
➤ 예상매출	46억 달러(4조 6,000억 원)	➤ 영업이익률	31%
➤ 부채비율	16%(2020년 3월)	➤ 예상배당수익률	-
➤ 예상PER	57.55배	➤ 투자 대가	론 바론

홈페이지: www.intuitive.com

1995년 설립된 회사로 최소 개복 복강경 수술을 할 수 있도록 개발한 로봇 제품을 개발, 제조 및 판매한다. 주요 제품으로는 수술 로봇인 다빈치 서지컬 시스템 및 관련 기기, 액세서리 등이 있다. 2019년 기준 미국 3,531개, 유럽 977개, 아시아 780개 등 전 세계에 5,582개의 다빈치 수술 시스템을 설치했다. 사용 분야는 비뇨기과, 부인과, 이비인후과, 일반외과, 심장 및 흉부외과 등으로 다양하다.

최근 12개월 기준 영업이익

분기별 영업이익

전년 동분기 대비 성장률

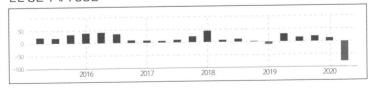

통신 서비스
Communication Services

📈 구글(알파벳) Alphabet Inc.(GOOG)

▶ 주가	(1,565,720원)	▶ 시가총액	1조 690억 달러(1,069조 원)
▶ 예상매출	1,670억 달러(167조 원)	▶ 영업이익률	22%
▶ 부채비율	34%(2020년 3월)	▶ 예상배당수익률	–
▶ 예상PER	31.58배	▶ 투자 대가	데이비드 테퍼, 론 바론, 세스 클라먼

홈페이지: www.abc.xyz

전 세계의 정보를 체계화하여 모든 사용자가 편리하게 이용할 수 있도록 하는 것을 목표로 하는 회사다. 전 세계에 온라인 광고 서비스를 제공하고 있으며 Google 부문에서는 Ads, Android, Chrome, Google Cloud, Google Maps, Google Play, Hardware, Search 와 YouTube 등 기술 인프라와 디지털 콘텐츠, 클라우드 서비스와 하드웨어 장비들을 제공 한다. Other Bets 부문에서는 Access, Calico, CapitalG, GV, Verily, Waymo, X 그리고 인터넷과 텔레비전 서비스를 제공한다. 참고로 티커가 GOOG인 주식은 의결권이 없으며, GOOGL인 주식은 1주당 1개의 의결권이 부여된다.

최근 12개월 기준 영업이익

분기별 영업이익

전년 동분기 대비 성장률

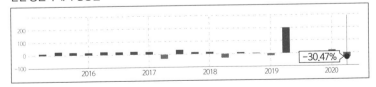

넷플릭스 Netflix, Inc.(NFLX)

➤ 주가	502.41달러(502,410원)	➤ 시가총액	2,209억 6,00만 달러 (220조 9,620억 원)
➤ 예상매출	230억 달러(23조 원)	➤ 영업이익률	17%
➤ 부채비율	298%(2020년 6월)	➤ 예상배당수익률	-
➤ 예상PER	84.84배	➤ 투자 대가	데이비드 테퍼, 론 바론

홈페이지: www.netflix.com

미디어 스트리밍, 콘텐츠 서비스 및 제작 회사다. DVD 대여 회사로 출발하여 기술의 발전과 함께 비디오 스트리밍을 하는 회사가 되었다. 스마트TV, 스마트폰, 태블릿, PC, 게임 콘솔 등에서 영화, 다큐멘터리, TV 프로그램, 자체 제작 시리즈 등을 서비스한다. 1900여 개국에 진출했고 1억 9,300만 개의 유료 멤버십을 보유하고 있다.

최근 12개월 기준 영업이익

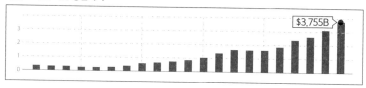

분기별 영업이익

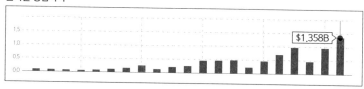

전년 동분기 대비 성장률

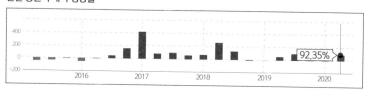

에너지
Energy

𝄙 필립스66 Phillips 66(PSX)

➤ 주가	62.33달러(62,330원)	➤ 시가총액	272억 1,800만 달러 (27조 2,180억 원)
➤ 예상매출	1,050억 달러(105조 원)	➤ 영업이익률	4%
➤ 부채비율	126%(2020년 3월)	➤ 예상배당수익률	5.64%
➤ 예상PER	75.37배	➤ 투자 대가	워런 버핏

홈페이지: www.phillips66.com

미국의 다국적 에너지 회사로 네 가지 분야가 있다. 첫째, 미드스트림 분야에서는 원유 및 석유 제품, 천연 가스 등을 운송 및 저장하는 서비스를 제공한다. 둘째, 화학 분야에서는 에틸렌, 기타 올레핀, 아로마틱, 스타일렌 등 다양한 화학 제품을 제조 및 판매한다. 셋째, 정제 분야에서는 원유와 기타 공급 원료를 정제하여 가솔린, 증류, 항공 연료를 제조한다. 넷째, 마케팅 분야에서는 가솔린, 증류, 항공 연료 같은 정제된 석유 제품을 주로 미국이나 유럽에 재판매한다.

최근 12개월 기준 영업이익

분기별 영업이익

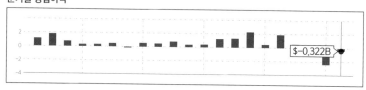

전년 동분기 대비 성장률

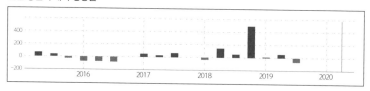

산업재
Industrials

ᴴᵢᴵᵢ 페덱스 FedEx Corporation(FDX)

➤ 주가	164.13달러(164,130원)	➤ 시가총액	428억 7,900만 달러 (42조 8,700억 원)
➤ 예상매출	690억 달러(692조 원)	➤ 영업이익률	4%
➤ 부채비율	302%(2020년 5월)	➤ 예상배당수익률	1.57%
➤ 예상PER	33.50배	➤ 투자 대가	파나수스

홈페이지: www.fedex.com

미국 멤피스에 있는 운송 업체다. 직원 40만 명 이상, 지역사무소 5만 개 이상, 항공기 659 대, 차량 약 3만 대로 220개 이상의 국가에서 하루에 320만 개 이상의 화물을 신속하고 안 전하게 배달한다. 전자상거래, 기업 배송 등의 서비스뿐만 아니라 전자상거래 운송 솔루션, 통합 SCM 솔루션도 제공한다.

최근 12개월 기준 영업이익

분기별 영업이익

전년 동분기 대비 성장률

해외 투자를 처음 시작하는 왕초보를 위한

불곰의 미국 주식 따라 하기

초판 1쇄 발행 2020년 9월 25일
초판 2쇄 발행 2021년 1월 8일

지은이 불곰 김지훈 이상언 박종관 박선목
펴낸이 김선준

책임편집 공순례
디자인 김영남
마케팅 권두리 조아란 오창록 유채원 김지윤 유준상
경영관리 송현주

펴낸곳 포레스트북스 **출판등록** 2017년 9월 15일 제2017-000326호
주소 서울시 강서구 양천로 551-17 한화비즈메트로1차 1306호
전화 02) 332-5855 **팩스** 02) 332-5856
홈페이지 www.forestbooks.co.kr **이메일** forest@forestbooks.co.kr
종이 (주)월드페이퍼 **출력·인쇄·후가공·제본** (주)현문

ISBN 979-11-89584-84-9 03320

포레스트북스(FORESTBOOKS)는 독자 여러분의 책에 관한 아이디어와 원고 투고를 기다리고 있습니다. 책 출간을
원하시는 분은 이메일 writer@forestbooks.co.kr로 간단한 개요와 취지, 연락처 등을 보내주세요. '독자의 꿈이 이뤄지
는 숲, 포레스트북스'에서 작가의 꿈을 이루세요.